내 집을 갖고
새로운 뇌가 생겼습니다

주체적인 삶을 위한 엄마의 돈 공부

내 집을 갖고
새로운 뇌가
생겼습니다

구혜은 지음

타커스

프롤로그

당신은 제발 나와 같은
시행착오를 겪지 마오

서른한 살, 갑작스러운 어머니의 죽음으로 유산을
상속받게 되었다. 당시 나는 결혼을 앞두고 있었고, 결
혼과 부모님의 부재, 유산 상속이라는 인생의 거대한
파도를 동시다발적으로 넘어야 했다.

유산 상속으로 모 은행 PB(Private Banking)센터의 고
객이 되었지만 돈에 대해 무지한 탓에 호구가 되었다.
나는 돈뿐만 아니라 나 자신에 대해서도 무지했다. 내
가 무엇을 원하는지, 어떤 삶을 살고 싶은지 알지 못했
다. 그래서 6억 원이라는 큰돈을 은행에 넣어두고 아무
것도 하지 못했다.

그러던 어느 날 '내 집'을 갖게 되면서 부동산에 관심

이 생기게 되었다. 뚜렷한 목표가 생기자 은행을 위해 움직이던 돈이 나를 위해 움직이기 시작했다.

이 책은 6억 원을 손에 쥐고도 아무것도 하지 못했던 바보가 '내 집'을 갖게 되면서 삶의 주도권을 잡아가게 되는 과정을 소개한다. '내 집'은 내가 원하는 것이 무엇이고, 그걸 얻기 위해 어떤 행동을 해야 하는지 알게 해준 고마운 존재다. 또 내가 없는 것으로 여기고 외면했던 유산을 제대로 활용할 수 있게 도와준 것도 '내 집'이었다.

내게는 부동산 거래가 인생을 배우는 시간이자 한 인간으로서 독립해가는 과정이었다. 집을 사고팔 때마다 크고 작은 결정을 내려야 했고, 내가 내린 수많은 결정은 나를 단단하게 만들어주었다.

나는 셈에 밝은 사람이 아니다. 오히려 돈에 관한 한 문외한에 가깝다. 하지만 이런 나도 관심을 가지고 용기를 내어 결정한 덕에 내 재산을 지킬 힘을 키울 수 있게 되었다.

"당신은 과거에 나쁘다고 생각되는 (큰) 결정을 내렸

기 때문에 미래(지금)에 더 나은 결정을 내릴 수 있는 것이다."

영국에서 가장 빠른 속도로 성공한 사업가 롭 무어의 말이다. 그의 말처럼 과거에 내렸던 나쁜 결정을 발판 삼아 나는 점점 더 나은 결정을 할 수 있게 되었다.

세상의 많은 책들이 성공에 대해 말한다. 이렇게 하면 성공한다더라, 저렇게 하면 큰돈을 번다더라 하는 이야기들이다. 하지만 성공이 있기까지 발판이 되어준 실패에 대해서는 너무 쉽게 생략해버린다. 그래서 나는 조금 다른 관점에서 이야기해보려 한다.

이 책에는 내가 겪은 '시행착오'와 '잘못된 결정'들로 가득하다. 한마디로 실패 모음집이다. 경험을 통해 몸으로 깨우친 지식을 다음번 투자를 위해 기록하기 시작했다.

(1) 새로 알게 된 것 (2) 생각과 느낌 (3) 다짐 등을 최대한 세세하게 기록했다. 다시는 같은 실수를 반복하지 말자는 나의 노력이자 각오였다.

부동산 거래에 관한 이야기를 적다 보니, 부동산 투

자를 시작할 수 있었던 돈의 출처가 떠올랐다. 서른한 살에 6억 원이라는 거액을 상속받은 일, 그 돈을 남편 몰래 PB센터에 맡겨두고 가난한 신혼부부 코스프레를 했던 일, 아파트 몇 채를 살 돈이 있었는데도 집값이 내려갈까 봐 두려워서 몇 년이나 전세살이를 전전했던 일, 그러면서도 친구의 달콤한 말 한 마디에 부도 직전의 회사채를 사서 10%의 원금만 겨우 건졌던 일, 한 방을 노리고 2억 원이 넘는 돈을 주식에 투자했다가 유상증자로 몽땅 날려버린 일들이 떠올랐다.

일확천금을 노리고 달려들었던 주식 투자에서 비참한 손실을 경험하고는 부동산 투자와 주식을 대하는 나의 태도에 차이가 있었다는 것을 알게 되었다.

무엇이 일을 그르쳤는지, 왜 계속 손실을 보게 됐는지, 과거 나의 행동을 돌아봄으로써 실패를 배움의 씨앗으로 삼으려 한다. 이것이 부끄러움을 무릅쓰고 내가 이 책을 쓰게 된 이유이다.

"자신을 믿지 못하면 돈을 벌지 못해요."
"아무리 많은 돈이라도 주인이 알아봐 주지 않으면 무용지물이에요."

"돈의 액수보다 중요한 건, 자신이 가진 돈으로 무엇을 할 수 있는지를 알아보는 눈이에요."

"돈이 당신을 위해 일하게 하려거든, 자신이 어떤 것에 가치를 두고 행복을 느끼는 사람인지, 먼저 이것부터 연구하세요."

내가 들려주고 싶은 이야기는 이런 것이다.
이 책을 다음과 같은 이들에게 권한다.

1. **자신이 가진 것이 별것 아니라고 생각하는 당신**
   과연 당신의 생각은 사실일까? 당장 당신이 살고 있는 집의 가치가 얼마인지, 통장 잔액이 얼마인지 제대로 파악하고 있는가? 지금 가진 돈으로 무엇을 할 수 있을지 한 번이라도 그 돈의 가치에 대해 객관적으로 생각해본 적이 있는가?
   어쩌면 당신이 가진 돈은 당신의 상상 이상의 힘을 지니고 있는지도 모른다. 단지 당신이 알아보지 못했을 뿐.

2. **누군가의 말 한마디에 귀를 쫑긋 세우며 주머니를 만**

지작거리고 있는 당신

한창 주식으로 재미를 보고 있는 친구가 나에게 정보를 주었다.

"야, 이 주식 확실해. 여기에 투자하면 네 인생이 달라질 걸. 빨리 부자가 되고 싶으면 여기에 최대한 많은 돈을 넣어."

그 결과는 어땠을까? 당신은 누군가의 달콤한 말 한마디에 인생을 걸 것인가?

3. 목돈이 생겼는데 이 돈으로 무엇을 해야 할지 혼란스러운 당신

성과급으로 목돈이 생겼다. 투자처를 찾는다.

"요즘 가장 핫한 상품이 뭐예요? 뭐가 가장 인기 있죠? 수익 높고 안정적인 상품이면 더 좋겠는데, 소개해주세요."

이 방법이 최선일까? 손 안 대고 코 풀고 싶은 당신, 과연 부자가 될 수 있을까?

4. 당장 내 삶에 적용할 수 있는 재테크 책을 원하는 당신

잘나가는 재테크 책의 저자들은 대개 우리와 다

른 '넘사벽'의 존재들이다. 그들의 성공담이 부러워서 따라해보지만 쉽지 않다. 내 수준에 맞는 재테크 책은 없을까?

5. 펀드, 주식, 코인 등 안 해본 투자가 없지만 유독 부동산만큼은 보수적인 당신

지금 사면 꼭지가 아닐까? 내가 잘하는 걸까? 집값이 떨어지면 어떡해? 집 사기를 두려워하는 당신, 언제까지 무주택자를 고수할 것인가?

이 책에 담긴 이야기는 평범한 당신이 돈을 바라보는 관점과 생각에 어떤 문제가 있는지 깨닫게 해줄 것이다. 또 그 한계를 극복하고 자신만의 방식으로 돈의 주인이 되는 방법론을 찾게 해줄 것이다.

이 책은 생초보 부동산 입문자에게도 도움이 될 만한 정보를 담고 있다. 부동산이 어떻게 움직이는지 관찰하는 습관을 갖는 것에서부터 매수 타이밍을 잡는 법, 급하게 계약한 뒤 일어나는 일들과 그것을 처리해가는 과정, 매도를 잘하기 위한 요령과 절세를 위해 다양한 루트를 활용하는 법까지 사소하고 소소해서 아무도 가르쳐주지 않지만, '부린이들'에게는 가장 절실하고 유용한 내용들이 담겨 있다.

　이 책을 통해 다른 사람에게 휘둘리지 않고 자신의 필요에 따라 선택하고 책임질 수 있는 연습을 해볼 수 있기를 바란다. 서른한 살, 나의 시행착오가 당신에게는 안전하게 물길을 건널 수 있는 징검다리가 되어주기를 소망한다.

차례

2장 '내 집'을 갖고 새로운 뇌가 생기다

내가 주인이 되는 투자를 하라

나답게, 세상과 관계 맺기
- 보통 사람들의 '단순한' 투자법

1장

———

너무
빨리 찾아온
돈

사람을 살릴 수도,
죽일 수도 있는 돈

아빠의 백혈병 진단 D-30

2000년 11월, 대학 3학년이던 나는 이듬해 봄 미국 뉴욕으로 어학연수를 다녀올 계획이었다. 유학 준비에 필요한 서류를 준비하기 위해 아빠와 함께 은행을 찾았다.

오후 3시 무렵인데도 은행은 사람들로 붐볐다. 아빠와 나는 대기하고 있는 사람들을 뒤로하고 PB센터가 있는 2층으로 향했다. 이곳의 분위기는 아까 지나쳐 왔던 1층과는 사뭇 달랐다. 잔잔한 클래식 음악이 흐르고, 반들반들 잘 닦여진 마루 위에는 카펫이 깔려 있었다. 직원들은 나와 눈을 맞추며 상냥하고 친절한 인사를 건넸다. 이곳의 모든 것들이 내가 존중받고 있다는 기분이 들게 했다. 친절한 전문가 집단이 모여 있는 곳, 은행은 내게 그런 곳이었다.

아빠와 함께 다니면 늘 이런 특별대우를 받았다. 고급스러운 장소에 있을 때 나 자신도 고급이 된 기분이 든다. 나는 이런 분위기가 좋았다.

은행 직원은 기다렸다는 듯이 아빠를 맞았고, 가죽 소파가 놓인 응접실로 우리를 안내했다.

"어서 오세요. 따님 유학 서류를 준비하신다고요? 말씀하신 서류는 준비해두었습니다. 확인해보시지요."

센터장은 아빠에게 서류를 건네며 옆에 앉아 있던 내게 말을 걸어왔다.

"뉴욕으로 간다고 들었어요. 좋은 곳으로 가시네요. 얼마나 계실 예정인가요?"

그는 특유의 반달 웃음을 지으며 내게 살갑게 물었다.

"일 년 정도 예상하고 있어요."

계획은 1년이었지만, 내가 원하기만 하면 구체적인

일정은 얼마든지 바뀔 수 있다고 생각했다. 내가 원하기만 하면.

상황이 나를 가로막을 수 있다는 생각은 하지 못했다. 이때까지 나는 내가 원하는 것은 모두 해볼 수 있었다. 부모님 덕분에 머릿속에 떠오르는 것들을 현실에서 막힘없이 할 수 있었다.

은행에서 건네준 아빠 이름이 적힌 서류는 내게 든든함 그 자체였다. 이 서류처럼 언제까지나 부모님이 내 삶에 든든한 보증인이 되어 줄 거라 믿었다.

아빠를 살린 2억 원, 아빠를 죽인 10억 원

"막내야. 아빠 무릎 좀 주물러 다오."

출장에서 돌아온 아빠는 왼쪽 무릎의 통증을 호소하였다. 당시 아빠는 고향인 거제도에 호텔 설립 계획을 세우고 있었다. 어쩌면 아빠의 은퇴작이자 노후에 대한 준비였을 것이다. 식구마다 돌아가며 아빠 다리를 주무르고 온찜질도 해보았지만, 아빠의 무릎은 호전될 기미가 보이지 않았다.

결국 엄마는 아빠와 상의한 후 경희대학교 한방 병원에 가보기로 했다. 단순 근육통이나 관절염쯤 되겠지 싶었다. 이참에 휴식도 취할 겸 입원하는 것도 나쁘지 않다고 판단했고, 금방 좋아질 거로 생각했다. 몇 가지 기본 검사를 하고 결과를 기다렸다.

"골수 검사를 해야겠어요."

아빠의 검사 결과가 나오는 날, 담당의로부터 추가 검사가 필요하다는 말을 들었다.

'골수 검사?'

예감이 좋지 않았다. 예상되는 병명이 있었으나, 집으로 돌아가는 한 시간 동안 우리 가족은 누구도 그 병명을 입에 올리지 않았다.

그리고 며칠 뒤 아빠에게 '급성 림프구성 백혈병' 진단이 내려졌다. 하늘이 무너지는 듯했다. 아빠의 병명은 그 자체로 사형 선고나 다름없었다.

'아빠가 백혈병이라니? 말도 안 돼.'

'그 누구보다 건강했던 아빠가 왜?'

감기 한번 앓지 않던 아빠였다.

'무엇이 아빠를 병들게 했을까?'

식구들은 아빠 병의 원인을 알아내려고 노력했다. 이 일은 우리 가족 누구에게라도 반복될 수 있는 일이었다. 원인을 찾아서 반복의 사슬을 끊어야 한다고 생각했다.

의사들은 병의 원인에 대해 명확히 설명하지 못했다. 유전은 아니라고 했다.(이 말이 약간은 위로가 되었다.) 아빠가 걸린 '급성 림프구성 백혈병'은 젊은 사람에게 발병 빈도가 높은 병이지 아빠처럼 60대 이후에 걸릴 확률은 몇만 분의 1의 확률이라고 했다.

대체 원인이 뭐였을까? 시시때때로 토론을 벌이던 우리는 아빠 병의 원인이 '돈' 때문이라고 결론 내렸다.(심한 억측이라고 해도 어쩔 수 없다. 우리 가족은 그렇게 믿었으니까.)

내가 고등학교 3학년이던 1997년, 아빠는 친구에게 돈을 빌려주었다. 돈을 빌린 사람은 아빠의 '절친'이었는데 사업 운영에 어려움을 겪고 있었나 보다. 아빠는 아무런 의심 없이 약속어음 한 장만 달랑 받고 친구에게 10억 원(25년 전의 10억 원은 지금쯤 얼마의 가치를 지닐까?)이 넘는 거액을 빌려주었다. 그는 아빠에게 돈을 받자마자 파산신청을 하고 미국으로 잠적해버렸다. 아빠가 병을 얻기 3년 전의 일이었다.

아빠는 이 사실을 엄마에게조차 말하지 못한 채 꽤 긴 시간 혼자 끙끙 앓았고, 백방으로 수소문해도 돈을 되찾을 방법이 없다는 것을 알게 되자 마음의 병이 점점 깊어졌다.

사기를 당하는 사람은 속수무책으로 당하지만 사기를 계획하는 사람은 철저하게 준비한다. 아빠가 친구에게 돈을 건넨 그 순간, 이미 그 돈은 아빠의 손을 떠난 것이다. 아빠는 그걸 알았어야 했다. 떠나간 버스에 미련을 두지 않았더라면 아빠는 그렇게 쉽게 무너지지 않았을 것이다.

병을 앓기 전 아빠는 50대와 견주어도 뒤지지 않을 만큼 젊고 건강했다. 적어도 겉으로 보기에는 그랬다. 하지만 눈에 보이지 않는 아빠의 근심이 건강을 좀먹고 있었다. 아무도 몰랐다. 심지어 아빠조차 자신이 심취한 그 생각이 목숨까지 위태롭게 할 줄은 몰랐을 것이다.

건강에 자신이 차고 넘쳤던 아빠는 당시 그 흔한 암

보험은커녕, 의료실비보험조차 들어놓지 않았다. 만 2년이 채 못 되는 투병 기간에 병원비로만 2억 원이 넘는 돈이 들어갔다. 수혈도, 검사도 모두 '돈'이었다.

아빠가 무균 병동에 있는 동안 돈이 없어서 치료를 중단하고 돌아가는 환자들을 꽤 많이 보았다. 그들을 보면서 나는 그래도 우리 가족은 돈이 있어서 참 다행이라고 생각했다. 돈 걱정 없이 아빠가 치료받을 수 있어서 감사했다.

사실 아빠가 잃어버린 10억 원 없이도 우리 집 살림은 그럭저럭 잘 굴러갔다. 아빠가 병상에 누워 경제활동을 전혀 못 하고 치료비로만 2억 원을 썼을 때도 사정을 크게 달라지지 않았다. 엄마가 느꼈을 심적 부담은 말로 표현할 수 없었겠지만, 현실은 그랬다.

우리가 살던 집도 그대로였고, 막 경제활동을 시작한 나 또한 월급을 살림에 보태야 한다는 부담은 갖지 않았다.

심지어 아빠가 돌아가시고 나서 7년 동안 엄마는 은행 이자 이외에 별다른 수입 없이도 잘 버텨냈고, 엄마까지 돌아가신 후 우리 삼 남매에게는 상당한 액수의 유산이 남겨졌다. 아빠가 집착했던 그 돈 '10억 원'이 없어도 우리는 충분히 잘 살아갈 수 있는 상황이었던 것이다.

아빠는 돈에 대한 근심 때문에 자신의 귀한 목숨을 잃었고, 엄마는 남편을, 나와 언니, 오빠는 아빠를 잃었다. '돈'이 한 가정의 해체를 부른 것이다.

무균 병동에서 알게 된 것들

아빠는 모두 두 번의 항암치료를 받았다. 백혈병 환자가 항암치료를 받는 병동은 따로 있다. 일명 '무균 병동'이다.

1차 항암치료를 받을 때는 아빠 혼자 무균실에 들어갔다. 비닐 커튼이 처져 있는 무균 병실은 하루 30분, 딱 한 명의 보호자만 면회가 허락된다. 아빠는 그곳에서 보름간 1차 항암치료를 마쳤다. 3개월 휴식을 취한 후 2차 항암치료를 해야 했을 때 아빠는 보호자 동반을 원했다. 항암치료의 고통보다 '고독'이 더힘들다고 했다.

나는 아빠의 간호를 자청했다. 언니는 가정이 있었고, 오빠는 직장 생활을 해야 했다. 또 엄마는 유방암 후유증인 왼쪽 팔의 부종으로 늘 고생이었다. 그런 엄마를 병실로 보낼 수는 없었다.

어차피 휴학하기로 결정했고, 1년이라는 시간이 있었다. 나는 뉴욕행 비행기 대신, 여의도의 무균 병실을 택했다. 열흘간의 항암치료 기간 동안 아빠와 나는 24시간 '한 조'였다. 이렇게 긴 시간을 아빠와 함께한 적은 처음이었다.

외부 출입이 단절된 13층의 무균 병동은 마치 진공속 우주 공간 같았다. 에어 샤워를 하고, 손 소독을 하고, 마스크와 헤어캡을 쓰고서야 비로소 입장이 허용되었다. 면역력이 약해진 환자들을 보호하기 위한 조치이다.

우리가 있던 병동에서는 여섯 명의 환자와 여섯 명의 보호자가 한방을 썼다. 이곳에 들어오면 모두가 똑같아진다. 사회에서 무엇을 했는지, 나이가 몇인지 따위는 관심사가 아니다. 모두가 똑같은 옷을 입고, 같은 밥을 먹는다. 같은 병을 앓는 사람들끼리, 우리끼리만 소통할 수 있는 공감대가 생긴다. 이것이 커다란 위로와 의지가 된다.

나는 이곳에서 빛이 보이지 않을 것 같은 절망의 순간에도 웃을 일이 있다는 것을 배웠다. 아침마다 검사하는 혈소판 수치가 조금만 좋아져도 그날 하루는 그냥 웃을 수 있었다. 서로 축하해주는 소박한 마음들이 오갔다.

죽음과 삶이 공존하는 공간에서 생면부지의 사람들은 하나가 된다. 이곳에서 바라는 것은 오직 하나, 사랑하는 가족을 잃지 않고 반드시 집에 데리고 가겠다는 소망뿐이었다. 단순하지만 절박한 소망 하나가 하루를 버티는 힘이 되었다.

작고 사소한 행복에도 감사할 줄 알았던 그때를 떠올리면 지금 내가 누리고 있는 일상의 행복이 매우 귀하게 느껴진다. 이 깨달음은 아빠가 나에게 남겨준 마지막 선물은 아니었을까?

남겨진 사람의 숙제

1997년에 IMF 경제 위기가 터졌다. 기업들이 도산하고 실업자가 넘쳐났다. 아빠가 친구에게 10억 원을 빌려줬던 그때가 바로 1997년이다.

겉으로는 너무나 평화로웠기에 IMF 여파가 우리 집만은 피해 갔다고 생각했다. 하지만 이건 큰 착각이었다. IMF로 경영상의 어려움을 겪게 된 아빠의 친구는 아빠에게 도움을 청했고, 아빠는 그에게 10억 원을 빌려주었다. 친구는 그 돈과 함께 사라졌다. 아빠는 믿었던 친구의 배신과 잃어버린 돈에 대한 생각으로 홀로 고통의 시간을 견디고 있었을 것이다.

아빠는 믿어야 할 사람과 믿지 않아야 할 사람을 구별하지 못했다. 거액을 선뜻 건넬 만큼 친구를 믿었으면서, 엄마에게는 한마디 상의조차 하지 않았다. 왜 엄마를 속이면서까지 친구에게 돈을 빌려줬을까?
아빠는 자신의 체면이 가족보다 중요했는지 모르겠다. 우리는 종종 중요한 것을 놓치고 사사로운 것들에 목숨을 건다.
배우자를 무시하고 혼자 결정한 잘못, 가족을 지키지 못한 잘못. 아빠는 자신의 잘못을 탓하며, 스스로에 대한 원망과 죄책감으로 병이 든 것은 아니었을까?

이 글을 쓰고 있는 지금, 돈 앞에서 느꼈을 아빠의 두려움과 죄책감이 내 안 깊숙한 곳에도 자리하고 있음이 느껴진다. 나는 이 두려움을 어떻게 대면하고 풀어갈 수 있을까? 이것이 내가 앞으로 풀어야 할 숙제이다.

엄마의 끊임없는 돈 걱정

엄마는 걱정이 많은 스타일이었다. 겉으로는 호탕한 성격에 친구도 많고, 친구들 사이에서 분위기 메이커를 자처하는 유쾌한 분이었지만 내면의 크고 작은 고민과 걱정을 떨쳐내지 못했다. 심지어 없는 걱정까지도 미리 만들어 대책을 세워야 직성이 풀리는 성격이었다.

엄마의 걱정 대부분은 아직 일어나지 않은 미래에 대한 불안 혹은 과거에 하지 못했던 일들에 대한 후회 같은 것이었다.

짐작해보면, 엄마의 불안은 아빠의 백혈병 진단과 함께 더욱 커졌을 것이다. 무시무시한 병명, 엄청난 치료비, 남편의 경제활동이 멈춰지고 가장의 역할이 '올스톱'되었다. 앞으로 모든 것을 엄마가 책임지고 이끌어야 했다. 당시 엄마가 느꼈을 미래는 얼마나 두렵고 암담했을까?

상황이 바뀌면 계획도 바뀔 수 있다는 것을 엄마는 받아들이지 못했다. 엄마의 모든 기준은 아빠가 아프기 전의 과거에 머물러 있었다.

'남편이 살아 있었으면, 애들한테 이 정도는 해주었을 텐데…….'

'혜은이 결혼 비용도 필요하고, 장남도 장가보내야 하는데…….'

이런 생각들이 엄마를 괴롭혔고 현실을 직시하지 못하게 가로막았다.

그나마 탄탄하게 자리 잡아 잘살고 있는 큰딸 걱정은 하지 않아도 된다는 점이 엄마에게 유일한 위안이었을 것이다.

엄마의 머릿속은 온통 앞으로 들어갈 돈에 대한 계산뿐이었다. 바뀐 상황에도 불구하고 과거에 유지했던 라이프스타일을 고수한 채 그때 세웠던 계획 그대로 실행하려 했으니 엄마는 답을 찾을 수 없었을 것이다.

엄마가 그렇게 돈 걱정을 하는데도 자식들은 생활비를 단 한 푼도 보태지 않았다. 우리는 엄마가 생각하는 것만큼 우리 집 경제 상황이 위기가 아니라는 것을 직감적으로 알고 있었다. 돈이 없어서 어떻게 될까 봐 불안했던 건 엄마뿐이었다.

아빠가 돌아가신 후 만 7년 만에 엄마마저 돌아가셨다. 늘 돈 걱정뿐이었던 엄마의 통장 잔고를 보고 우리 삼 남매는 한숨을 쉬었다.

'엄마, 그렇게 전전긍긍하지 않아도 되었는데…….'

엄마는 우리에게 꽤 많은 재산을 남겨주고 세상을 떠났다.

아빠가 돌아가셨을 때 엄마는 혼자 돈 걱정을 하는 대신 우리에게 이렇게 말했어야 했다.

"이제부터 너희 살 길은 너희가 찾아라."

이 한마디만 했으면 모든 것이 해결되었을 것이다. 앞이 꽉 막혀 나아가지 못하는 상황에서 길이 보였을 것이다. 나는 나대로, 오빠는 오빠대로, 또 엄마는 엄마 나름대로 바뀐 상황에 맞게 대책을 세우고 움직였을 테니까. 서른 살이 넘은 자식의 미래까지 엄마가 책임 질 필요는 없었다. 엄마만 그걸 몰랐다.

서른한 살,
PB센터 고객이 되다

엄마의 목숨과 맞바꾼 유산

나는 엄마가 쓰러지던 날을 결코 잊지 못한다. 그날 아침 내 결혼식 날짜를 정하는 문제로 엄마와 심하게 다투었다. 나는 내 할 말만 속사포처럼 쏟아 놓고 쌩하니 출근해버렸다. 엄마의 멍한 표정을 보고도 못 본 척했다. 나는 그런 딸이었다. 뭐든 내 멋대로 했다. 엄마의 마음은 무시하고 내 마음만 앞세웠다.

그게 마지막이 될 줄은 몰랐다. 퇴근하고 집에 오니 엄마는 중환자실에 있었다. 의사는 심근경색으로 인한

심장마비라고 했다. 엄마는 의식을 회복하지 못했고 중환자실에서 채 한 달을 넘기지 못한 채 돌아가셨다. 아빠가 돌아가신 지 꼭 7년 만의 일이었다.

엄마의 장례를 치르자 유산이 따라왔다. 돈은 좋은 것인데, 엄마 죽음의 결과로 얻게 된 돈이라 반갑지 않았다. 남겨진 유산을 바라보는 내 마음에는 죄책감이 가득했다.

나는 그 돈을 받을 자격이 없다고 생각했다. 나 때문에 엄마가 죽었다는 생각에 '유산'을 똑바로 바라볼 수가 없었다.

'그때 엄마와 싸우지만 않았어도…….'

수없이 필름을 돌려 '그날의 사고'를 막을 수 있었을 가능성에 대해서 생각하고 또 생각했다.

'그때, ○○하지만 않았더라도…….'

'그때, ○○하기만 했더라도…….'

깊이 생각하면 할수록 후회와 죄책감이 밀려왔다. 죄책감은 내게서 돈을 밀어내도록 작용했다.

과거의 나는 돈을 쓸 줄만 알고 모으는 법을 몰랐다.

양심의 가책을 느끼지 않을 만큼만 저축하고, 월급 대부분을 나를 치장하는 데 썼다. 갖고 싶은 물건이 내 월급을 넘어서면 엄마에게 의존해서라도 반드시 손에 넣어야 직성이 풀렸다. 물욕은 끝이 없었다. 당연한 일이었다. 일회성 소비에만 집착했으니 가지고 또 가져도, 갖고 싶은 물건은 계속 생겼다.

과거에 돈을 쓰던 습관대로 상속받은 유산을 함부로 쓰게 될까 봐 겁이 났다. 유산 때문에 나태해질까 봐 두려웠다. 결국, 나 자신을 믿지 못해서 두려웠던 것이다.

이렇게 혼란스러운 상황에서 엄마의 자산을 관리해주던 모 은행 PB센터로부터 제안을 받았다. 상속받은 유산을 관리해주겠다는 반가운 제안이었다.

나는 이 제안을 단 1초의 망설임도 없이 덥석 받았다. 무거운 짐짝을 던지듯 PB센터에 상속받은 유산을 전부 입금하고 나서야 마음이 홀가분해졌다. 마치 시한폭탄이라도 들고 있는 사람처럼 안절부절못했던 나. 돈은 지킬 힘이 없는 사람에게는 두려움의 대상이 된다.

부모를 잃은 내게 은행은 '부자 아빠' 같은 존재였다.

어찌해야 할지 몰랐던 유산을 알아서 관리해주겠다는 은행이 고마울 따름이었다.

'유능한 뱅커가 내 돈을 관리해주겠지.'

'돈이 필요한 순간이 되었을 때, '짠' 하고 찐빵 부풀 듯 돈이 불어나 있을 거야.'

나는 이런 근거 없는 믿음에 빠져 있었다. 은행에서 상품을 권할 때마다 영혼 없이 계약서에 도장을 찍고 사인을 했다. 이게 내가 한 노력의 전부였다.

은행에 모든 권한을 위임하고 두 손에 쥐어진 것은 '돈' 대신 여러 개의 통장뿐이었다.

나를 홀린 투자 의향서

"구혜은 님의 투자 성향을 분석해보겠습니다."

PB센터의 담당자가 몇 장의 종이를 내밀었다. 내 투자 성향을 알아보는 일종의 설문지였다.

상속받은 유산을 지키고 싶어서 은행을 택했는데, 설문지를 받아들자 마음속 깊이 잠재되어 있던 욕심이 스멀스멀 올라오는 것을 느꼈다.

'한 방에 큰돈을 벌고 싶어!'

'은행에서 알아서 해줄 거야. 게다가 PB센터잖아.'

돈을 지키겠다는 초심은 어느새 큰돈을 벌고 싶다는 욕심으로 바뀌었고, 은행의 전문가와 시스템에 기대고 싶은 마음이 고개를 들었다. 설문을 마치고 나니, 어느새 나는 공격형 투자가가 되어 있었다.

"혜은 님 성향으로는 A형이 좋겠어요. '이런 성향'의 고객님이 최근 가장 많이 선택한 상품이 ○○입니다."

몇 가지 문항에 답하는 것으로 '나'란 사람에 대한 분석이 끝나고, 나와 비슷한 사람들이 하나의 그룹으로 엮였다.

혼란에 빠진 사람은 확신을 원한다. 누군가 나서서 자신의 상황을 정리해주기를 바란다. 자신이 어떤 사람이고, 어떤 유형인지, 앞으로 어떻게 해야 하는지 알려주기를 원한다. 이들은 어떤 그룹에 속한다는 것, 남이 가진 것을 자신도 소유하고 있다는 것에서 안정감을 느낀다. 바로 내가 그랬다.

PB센터장의 말 속에는 이런 인간의 심리를 자극하는 단어가 빼곡히 자리 잡고 있었다. 'A형', '이런 성향',

'최근 가장 많이' 같은 단어에 나는 안심이 되었다.

은행이라는 신뢰할 만한 장소, 소수의 사람에게만 허용된 특별한 서비스, 그 그룹에 내가 속한다는 사실이 나를 PB센터에 전적으로 의지하게 했다. 내가 뭔가에 홀린 사람처럼 은행에서 권하는 상품에 순순히 가입했던 이유가 여기 있었다.

당시 나는 내 돈이 어떻게 투자되고 어떤 원리와 규칙으로 운용되는지 알지 못했다. 무엇을 물어봐야 할지조차 몰랐다. 센터장의 말을 절반도 이해하지 못했지만 체면을 차리느라 그들의 설명을 다 이해하는 척 고개를 끄덕였다.

'당신에게 모든 것을 맡길게요. 당신이 전문가니까요.'

부끄럽지만 당시 내 마인드는 딱 여기까지였다.

나를 함정에 빠트린 생각의 힘

왜 그랬을까?

돈 개념이 없던 나는 유산을 함부로 쓰게 될까 봐 겁

이 났다. 그래서 그 돈을 없는 셈 치기로 했다.

'이 돈은 지금 받을 돈이 아니야, 시기가 너무 빨랐어. 없는 돈이라고 생각하자.'

이렇게 스스로 최면을 걸었다.

생각은 강력한 힘을 지닌다. 내가 돈을 '없는 것'으로 여기자, 돈은 나와 '무관하게' 흘러갔다. 내 돈이지만, 나의 통제를 벗어난 것이다.

그러면서도 나는 '유능한 전문가에게(PB센터) 관리받는 사람'이라는 허영심에 젖어 있었다. 이 때문에 '돈을 다루는 능력'이 생긴 것 같은 착각에 빠지게 되었다.

은행에 들어서면 왠지 어깨가 으쓱해졌다. 순서를 기다리는 많은 사람을 뒤로하고 PB센터가 있는 2층 계단을 밟았다. 이 공간을 출입하는 내 또래의 고객은 한 번도 보지 못했다. 그만큼 내가 특별하다고 생각했다. 아빠가 그랬던 것처럼 나는 최대한 자연스럽게 가죽 소파에 몸을 기댄 채 센터장과 마주 앉아 이야기를 나눴다. 가입한 상품의 만기가 다가오면 그는 목동에서 강남까지 먼 길도 마다하지 않고 내가 일하는 회사 앞으로 손수 찾아왔다.

당시 나는 그들에게 상당히 매력 있는 고객이었을 것이다. 돈을 빌릴 생각도 인출할 생각도 없는, 게다가 권하는 모든 상품에 토 하나 달지 않고 척척 사인해주는 '호구'가 바로 나였으니 말이다.

그들은 내 생일이면 탐스러운 꽃바구니를 보내오고, 이사할 때마다 '복이 들어오는 집', '행복하게 잘 사세요'라는 메시지와 함께 예쁜 화분도 잊지 않았다. 또 명절이며 경조사마다 빠짐없이 선물을 보내왔다. 나는 어느새, 이 작은 호사에 흠뻑 취해 있었다.

나는 허수아비, 돈의 주인은 은행

엄마가 물려준 유산을 안전하게 지키겠다는 생각은 이미 '안드로메다'보다 더 멀어져가고 있었다.

그러는 사이에 PB센터에서 권한 펀드 상품의 수익률은 계속 내리막길을 달렸다. 적게는 5%, 많게는 30% 이상 손실이 이어졌다. 수익이 나는 상품도 있었지만 총 운용수익을 합산하면 여지없이 마이너스였다.

그때까지도 몰랐다. 돈의 주인이 내가 아니었다는

것을. 그 돈은 분명 내 것이지만, 내 것이 아니었다. 무엇이 문제였을까?

첫째, 나는 돈을 투명인간 취급했다. 흥청망청 써버릴 거라는 두려움 때문에 내가 돈을 외면하자 돈도 내게서 멀어져갔다.

둘째, 나는 돈에 대한 목적의식도, 주인의식도 없었다. 은행에서 정해 놓은 기준과 잣대에 기대어 이리저리 흔들렸다. 그 결과 상당한 수수료를 내면서도 손실만 보는 무능한 투자자가 되었다. 돈은 목적을 가진 사람을 위해 움직인다. 내 돈은 은행을 위해 일했지 결코 나를 위해 일하지 않았다.

셋째, 나는 돈을 어떻게 운용할지에 대한 계획이 전혀 없었다. 처음에 나는 유산을 안전하게 지키고 싶었지만 엉뚱하게도 공격형 투자 상품에 가입했다. 장기적인 안목이나 계획 없이 은행에서 권하는 상품에 투자하기를 반복했다. 모든 것이 모순투성이였다.

은행이 내 돈을 자신들의 목적대로 주무르게 두고서 얻는 대가는 고작 줄 서지 않고 은행 접견실을 이용하는 것, '도어 투 도어' 서비스, 생일날 받는 선물과 꽃바구니 정도였다. 그때는 그것이 엄청난 호사인 줄 알았다. 하지만 지금 생각해보니 근사한 케이크를 남에게 넘겨주고 나는 빵 부스러기에 만족하고 있었다.

스스로 중심을 잡지 못하면 세상 곳곳에 산재한 덫에 빠진다. 발을 딛는 곳 모두가 함정이 된다. 상대방이 나쁜 의도를 가졌는지, 아닌지는 중요하지 않다. 상대의 친절과 호의가 한순간에 화살이 되어 나를 쏠 수도 있다.

나는 분명 센터장의 눈에서 선한 의도를 읽었다. 진심으로 그가 나를 돕고 싶어 한다는 것을 느낄 수 있었다. 하지만 은행은 내 돈을 지키는 데 도움을 주지 못했다.

내가 원했던 것은 '돈'이 아닌 '안정'과 '보살핌'이었다. 은행이라는 엉뚱한 곳에서 부모님을 대신할 안식처를 찾았던 것이다. 그렇다면 PB센터장은 내가 원했던 그것을 분명히 주었다. 단지 내가 장소를 잘못 찾아갔을 뿐이었다.

끝나지 않은 인연

지금도 연말이면 당시 PB센터장이 안부 메시지를 보내온다. 비록 그가 내 통장 잔고를 불려주지는 못했지만, 10년 넘게 잊지 않고 소식을 전해주는 것이 고맙다.

2020년 마지막 날, 가족을 모두 시댁에 보내놓고 이 책 원고 작업에 몰두하고 있었을 때이다. 이날도 어김없이 그가 메시지를 보내왔다. 몇 건의 문자 메시지를 주고받았는데, 그는 내 결혼식과 신혼집 그리고 첫아이 출생 과정을 모두 기억하고 있었다. 그는 최근 독립했다며 안부를 전했다.

"새롭게 1인 컨설팅 회사를 차렸어요. 재무상담, 자산컨설팅을 하고 있어요. 도움이 되면 좋겠어요."

"10년 전 저는 돈을 갖고도 제대로 굴릴 줄 몰라, PB센터의 좋은 자원을 제대로 활용하지 못했어요. 이제는 제대로 돈에 대해 배우고 싶네요. 많이 가르쳐주세요."

10년 전 '새드 엔딩'으로 끝나버린 그와의 인연을 만회할 수 있을까? 나는 그에게서 무엇을 얻고, 무엇을 배울 것인가? 앞으로 새로운 만남이 기대된다.

네 돈의 정체를
남편에게도 알리지 마라

남편 몰래 딴 주머니 차기

다른 사람의 조언을 내 것으로 만들려면 무엇보다 내가 중심이 바로 서야 한다. 스스로 중심을 잡지 못하면 아무리 좋은 조언도 잡음일 뿐이다. 내 결정에 아무런 도움을 주지 못한다.

2009년 9월, 엄마가 돌아가셨다. 내 결혼식을 불과 10개월 남짓 앞둔 시점이었다. 갑작스러운 엄마의 죽음은 엄청난 충격이었다. 20대 초반에 아빠의 죽음을 맞닥뜨려야 했을 때보다 나는 더 큰 혼란에 휩싸였다. 부모를 모두 잃었다는 상실감과 엄마 없이 홀로 결혼을 준비해야 한다는 막막함에 내 마음은 혼돈의 도가니였다.

영화를 보면, 친정 엄마가 딸에게 결혼 생활에서 부딪히게 될 여러 문제에 대해 조언해주는 장면이 많이 나온다. 하지만 이제 내게 그런 엄마는 없었다. '친정'이라는 존재 자체가 사라진 것이다.

'잘할 수 있을까, 나 혼자?'

몇 번이고 스스로 물었지만, 자신이 없었다. 이런 내 마음을 읽기라도 한 듯이 유산상속 절차를 모두 마친 어느 날, 언니와 오빠가 나를 붙잡고 진지한 눈빛으로 말했다.

"잘 들어. 지금 네가 상속받은 유산은 결혼과 아무 상관 없어. 네 남편 될 사람에게 유산의 존재에 대해 알릴 의무는 없어. 이건 네 돈이야. 네 이름으로 네가 관리해."

불쑥 꺼낸 말처럼 들렸지만, 결코 쉽게 내뱉은 말이 아니라는 것을 느낄 수 있었다. 언니와 오빠는 이 말을 어색하지 않게 자연스레 꺼낼 타이밍을 계속 찾고 있었으리라.

"지금은 잘 모르겠지만 너도 돈이 필요한 순간이 올 거야. 그때를 위해서 이 돈은 비밀로 남겨둬."

'만약의 상황에 대비해 이 돈은 그대로 두어야 한다.'

두 사람의 말이 나에겐 이렇게 해석되었다. 나도 당장 이 돈을 어떻게 해볼 생각은 눈곱만큼도 없었다.

'그래! 유산의 사용처는 '지금'이 아닌 '미래'에 고민하자.'

이렇게 결정하자 마음이 편안해졌다.(하지만 이는 진짜 결정이 아니었다. 단지 결정을 미루는 결정을 했을 뿐이었다.) 어쨌든 이렇게 마음먹었기에 나는 '네 돈의 정체를 남편에게 알리지 말라'는 언니 오빠의 미션을 충실히 따를 수 있었다.

늦둥이 막내로 태어난 나는 언니와 아홉 살, 오빠와는 일곱 살 차이가 난다. 그들은 내게 '언제나 어른'이었다. 나는 복잡하게 생각하고 싶지 않았다. 엄마의 죽음만으로도 너무 벅차고 힘들었기 때문에 유산 따위는 '어른들의 충고'에 따라 안전하게 처리하고 싶었다.

은행의 제안을 덥석 받아들인 이유도, 언니 오빠의

충고를 충실히 따라 '딴 주머니'를 찬 이유도 모두 나의 나약한 마음에서 비롯된 실수였다. 서른한 살의 나는 주관도 없었고, 욕망도 없었다.

내 전략은 완전히 실패했다. 결과적으로 유산의 존재를 남편에게 숨긴 것은 우리 부부에게 옳은 선택이 아니었다. 처음부터 유산에 대해 남편에게 솔직하게 말했더라면, 내가 놓친 기회를 남편은 알아봤을지 모른다.

나는 속마음을 감추고 '척하는 것'이 가장 힘든 사람이다. 나는 나답지 못했다. 나답지 않게 행동한 결과 많은 것을 놓쳤다. 행운의 여신은 그렇게 나에게서 멀어져갔다.

내가 믿는 것이 '진짜'가 된다

거짓말을 하면 단박에 들켜버리는 내가 5년 가까이 남편을 속일 수 있었던 것은, 유산을 정말로 '없는 것'으로 생각했기 때문이다.

'이 돈은 없는 돈이야.

너무 빨리 내게 온 거야.

지금 이 돈에 의지해서는 안 돼.'

혹여 잊어버리기라도 할까 봐 걱정하는 사람처럼 주문을 외웠다. '없다'고 생각하면 정말로 없는 것이 된다.

결혼 전, 나는 사치의 여왕이었다. 명품이 아니면 거들떠보지 않았고, 무조건 최고급 브랜드의 옷만 입었다. 돈은 내게 단순히 소비를 위한 도구였고, 그 이상도 이하도 아니었다. 사람은 과거 자신의 모습에서 현재를 추측하는 경향이 있다고 한다.

'과거에 돈을 물 쓰듯 썼으니 앞으로도 그럴 거야'라고 나는 나 자신에게 꼬리표를 붙였다. 스스로 돈을 관리할 능력이 없는 사람으로 대했다.

철학자 키르케고르는 "단정적인 말로 나를 표현하는 것은 내 존재를 부정하는 것"이라고 했다. 그의 말처럼 나는 내 존재 자체를 부정한 셈이었다.

'나는 유산을 지킬 능력이 없어.'

'돈을 지킬 수 있는 유일한 방법은 상속받은 유산에 대해서 완전히 잊어버리는 일뿐이야.'

이 말을 수도 없이 자신에게 주입했다. 덕분에 나를 속이고, 남편을 속일 수 있었다. 그런데 이런 잘못된 믿음은 우리 부부가 충분히 쓸 수 있는 범위의 소비조차 할 수 없게 나를 조이고 억압했다.

문제는 신혼집을 구할 때부터 시작되었다. 결과적으로 우리는 첫 단추를 완전히 잘못 끼운 셈이었다.

춘천에서 오랫동안 공직 생활을 하신 시아버지는 서울의 집값을 보고 깜짝 놀라셨다. 남편은 결혼 전 보증금 5,000만 원짜리 작은 원룸에 살고 있었는데, 여기에 2,000만 원을 더해 신혼집 비용으로 마련해주셨다. 당시 7,000만 원이면 춘천을 기준으로 20평대 아파트를 사는 것도 가능한 금액이었다. 하지만 서울에서는 오래된 구축 아파트 전세도 구하기 어려웠다.

만일 엄마를 잃기 전이었다면, 나는 엄마에게 쪼르르 달려가 이렇게 부탁했을 것이다. "엄마, 나 좀 도와줘요. 신혼집 구하는 데 돈 좀 보태줘요"라고.

하지만 나에게는 도움을 요청할 엄마가 없었다. 모

든 것을 내가 책임져야 했다. 결국 나는 시댁에서 마련해주는 7,000만 원에 2,000만 원을 보태기로 마음먹었다. 실제로는 유산으로 받은 6억 원이 있었는데도 겨우 9,000만 원에 맞춰 신혼집을 구하기로 한 것이다.

그렇게 남편과 함께 집을 보러 다니기 시작했다. 하지만 내가 아는 지역에서는 우리 예산에 맞는 전셋집을 찾기가 무척 힘들었다. 예산에 맞추다 보니 점점 변두리로 밀려나게 되었다. 그중에서도 오래된 아파트 혹은 골목 안의 빌라나 다세대쯤이 우리가 구할 수 있는 한계였다.

부동산 문턱을 처음으로 넘어본 우리 부부에게 신혼집 구하는 과정은 돈의 위력을 실감한 첫 경험이었다. 예산에 맞는 집을 눈으로 확인할 때면 우리 능력을 확인하는 것 같아 불편한 마음이 들었다.

'내가 가진 돈의 액수가 곧 나의 능력이구나.'

위축되는 상황에도 불구하고, 유산을 털어 집 사는 데 쓰고 싶지는 않았다. 대출이라는 제도를 활용할 수도 있었지만, 우리 부부는 그런 생각을 하지 못했다. 왜 그랬을까?

첫째, 나는 굳이 대출의 필요를 느끼지 못했다. '돈이 있는데 왜 대출을 받아?'라고 생각한 것이다. 이자를 내면서까지 '남의 돈'을 쓰고 싶지 않았다.

둘째, 2010년 내가 결혼할 당시, '하우스 푸어'라는 말이 유행했다. 하우스 푸어란 집을 보유하고 있지만 무리한 대출로 인한 이자 부담 때문에 빈곤하게 사는 사람들을 가리키는 말이다.

대출을 받으면 우리도 '하우스 푸어'로 전락해버릴 것만 같았다. 하지만 우리 부부의 막연한 두려움은 말 그대로 근거 없는 두려움이었다. 우리와 전혀 다른 처지에 있는 사람(하우스 푸어)을 비교 대상으로 삼았으니 기준부터가 잘못된 것이었다.

당시 나는 우리의 거주 비용을 객관적으로 따져볼 생각조차 하지 못했다. 최소한 이 정도 질문은 해봤어야 했다.

- 우리 부부의 소득으로 받을 수 있는 대출 한도는 얼마인가?
- 최대 대출 한도에서 상환 가능 금액은 얼마인가?
- 대출이자는 얼마인가? 대출을 받고 집을 사는 것

이 이득인가? 대출 없이 전세로 사는 것이 이익인가? 아니면 월세는 어떤가?

사실, 이런 계산 없이도, 우리가 대출을 상환하지 못해 하우스 푸어가 될 확률은 제로(0)였다. (상속받은 유산이 있었으니까) 몇 가지 질문만 던졌어도 내가 가지고 있던 대출에 대한 두려움이 '허상'이었다는 것을 알아차렸을 것이다. 하지만 나는 이런 계산을 하지 못했다.

가난한 신혼부부 코스프레

결국 우리 부부는 분당에서 신혼살림을 시작했다. 이유는 간단하다. 우리 예산에 꼭 맞는 전셋집을 분당에서 구할 수 있었기 때문이다.

신혼집을 구하지 못해 전전긍긍하던 어느 날, 남편에게서 전화가 왔다. 한껏 흥분된 목소리였다.

"분당에 우리 예산에 맞는 집이 있대."

"정말? 말도 안 돼, 정말 분당에 있다고?"

분당이라면 나도 한 번쯤 살아보고 싶었던 동네였다.

"정말 있다니까. 디자인 팀 Y 있지? 지금 분당에 사는데, 이번에 8,000만 원에 전세 계약을 했대."

"알았어, 오늘 당장 가볼게."

포털 사이트에서 매물을 확인하고 부동산 사무실과 약속을 잡았다. 정말 우리 예산에 맞는 집이 있었다. 방 하나에 거실 하나뿐인 작은 아파트였지만 우리에게는 감지덕지였다. 게다가 광역버스 노선이 잘 발달한 분당은 강남으로 출퇴근하는 우리 부부에게 안성맞춤인 곳이 아닌가?

퇴근과 동시에 분당으로 달려가 전세 계약을 하고 돌아왔다. 그토록 고민했던 신혼집 문제가 비교적 쉽게 해결된 것이다. 이렇게 우리는 아무 연고도 없는 분당에서 첫 살림살이를 시작했다.

지은 지 20년이 훌쩍 지난 18평짜리 아파트. 방 하나, 현관과 거실을 잇는 아담한 주방이 전부인 작은 집이었지만 그간 우리가 봐왔던 집들이 서울 변두리의 낡은 빌라였으니 아파트에서 신혼을 시작할 수 있다는 사실 하나만으로도 기뻤다.

당시 같은 아파트 동일한 구조의 집을 더 구경했는

데 그때 보았던 모든 집이 거실을 침실로, 작은 방을 옷방으로 쓰고 있었다.(방 하나는 크기가 너무 작아 다들 이 방을 '방'으로 쓰기를 포기한 듯했다.)

나는 거실과 침실은 구분하고 싶었다. 집이 작을수록 공간의 구획은 꼭 필요하다는 생각이 들었다. 누군가는 빨리 잠자리에 들기를 원하고, 또 누군가는 게임이나 TV 시청을 좀 더 하고 싶을 수도 있을 것이다. 하지만 작은 방을 포기한다면 이 모든 것을 '함께'해야 한다. 아무리 신혼이라지만 생각만 해도 끔찍했다.

'무조건, 거실과 작은 방 모두 확보하리라!'

작지만 큰 목표가 생겼다. 목표가 생기니 행동의 방향이 정해졌다. 포기할 것과 절대로 포기할 수 없는 것들이 구분되었다. 나는 침실을 확보하기 위해 가구의 디자인은 포기했다. 무조건 집의 크기에 가구를 맞췄다. 침대를 비롯해 가구를 고르는 제1순위는 '사이즈'였다. 브랜드고 색상이고 디자인이고 모두 후순위로 밀려났다. 오직 사이즈와 용도만이 가구를 고르는 첫 번째 기준이었다.

나는 눈에 불을 켜고 우리 집 크기에 꼭 맞는 가구들을 찾기 시작했다. 종이에 집의 도면을 그리고, 필요한 가전제품과 가구 목록을 정리하고, 도면과 같은 비율로 축소된 가구들을 이리저리 시뮬레이션해가며 집의 레이아웃을 잡아갔다.

비록 시간은 오래 걸렸지만 내가 원하는 용도와 우리 집에 꼭 맞는 크기의 가구를 발견할 때면 희열을 느꼈다. 마치 테트리스 게임 하듯이 공간을 채워나갔다.

이때 처음으로, 내가 정말 원하는 것이 무엇인지에 대해 진지하게 고민하고 선택하는 연습을 했다. 그 전까지 나는 늘 원하는 것을 어렵지 않게 구할 수 있었다. 하지만 이번엔 달랐다. 빠듯한 예산으로 신혼집을 구하고 작은 공간에 가구를 채워 넣어야만 했다. 모자라지만 내가 원하는 가치에 온전히 집중하며 필요한 것을 찾아냈다. 내게 주어진 것을 활용해 최선의 만족을 만들어 내는 법을 이때 처음으로 배웠다.

신혼집에서 무엇보다 마음에 들었던 것은 교통이었다. 강남으로 출퇴근했던 우리 부부에게 아파트 단지 바로 앞에 서는 빨간색 광역버스는 그야말로 신이 내린 축복이었다. 집 앞에서 버스를 타면 대부분의 자리가 비어 있었다. 항상 앉아서 갈 수 있었다. 출근길 한 시간이 덤으로 생긴 기분이 들었다.

결혼 전, 우리 부부는 지하철 2호선을 타고 통근했는데, 출근 시간의 2호선은 그야말로 '지옥철'이었다. 매일 지하철에서 시달리다 우아하게 앉아서 출근하는 기쁨은 말로 표현할 수 없었다. 모자란 잠도 잘 수 있고, 남편과 여유 있게 이야기를 나누기도 하며 출근할 수 있는 환경에 감사했다.

게다가 2010년 당시 신분당선 개통을 앞두고 있어서 20분이면 강남 출퇴근이 가능한 상황이었다. 집이 좁고 낡은 것만 빼고 모든 것이 만족스러웠다.

우리 부부는 야심 찬 계획도 세웠다. 한 사람의 월급으로 생활하고, 나머지 한 사람의 월급은 모두 모으기로 한 것과 아이가 생기기 전까지 자동차를 사지 않기로 한 것이다.

자동차는 한 달도 못 버티고 샀지만, 내가 퇴사하기 전까지 한 사람 몫의 월급은 꾸준히 모았다. 충분히 즐기면서도 충분히 모았던 시절이었다.

작지만 예산에 맞는 집도 구했고, 약간의 노력 덕분

에 방과 거실이 온전히 갖추어진 집에서 살 수 있게 되었다. 계획대로 차곡차곡 저축하며 야무진 신혼을 보내고 있었고 무엇보다 '있어도 없는 척하기'라는 내가 정한 각본에 충실히 따르며 살았다.

　그땐 알지 못했다. 내가 일을 그만둘지도, 우리가 얼마나 많은 기회를 놓쳤는지도, 은행에 넣어둔 유산이 계속 마이너스를 기록 중인 것도 말이다.

돈을 지배하는 자
vs 돈에 끌려다니는 자

단돈 1,000만 원으로 6억 원 건물주가 된 그녀

2011년에 내 지인 S는 단돈 1,000만 원으로 경북 구미에 있는 시가 6억 원짜리 건물의 주인이 되었다. 이때 그녀의 나이는 스물여덟 살이었다.

S가 가지고 있던 목표는 단 하나, 명예퇴직한 아버지의 월급을 대신할 수입원을 찾는 것이었다. 그녀는 6억 원짜리 건물을 협상 끝에 5억 8,000만 원에 매입하는데 성공했다. 더욱 놀라운 것은 S의 수중에는 계약금 1,000만 원이 전부였다는 것이다. 그녀는 건물의 월세

와 전세를 활용해 현금 1,000만 원으로 5억 8,000만 원
짜리 건물의 주인이 되었다. 이렇게 매입한 건물은 매
월 300만 원씩 연간 3,600만 원의 수익을 안겨주었다.
그녀에게 이 건물은 '황금 알을 낳는 거위'였다.

 S는 이 일을 계기로 부동산에 눈뜨기 시작했고, 지금
은 부동산으로 꽤 많은 자산을 이뤘다.

 그녀의 이야기를 듣는 순간, 나는 망치로 머리를 한
대 얻어맞는 느낌이 들었다. 내가 상속받은 유산의 금
액이 바로 그녀가 매입한 건물 가격인 6억 원과 일치했
기 때문이다.

 비슷한 시기, 또래의 두 젊은 여성은 완전히 다른 방
식으로 시련에 대처했다. S는 적극적으로 목표를 세우
고 해결책을 모색했지만, 나는 목표도, 목적도 없이 이
리저리 방황하고 있었다. 나는 6억 원을 손에 쥐고도
아무것도 하지 못한 채 시간과 돈만 허비했고, S는 단
돈 1,000만 원으로 6억 원짜리 건물을 샀다. 그 건물은
그녀가 투자한 금액과 비교할 수 없을 정도로 많은 수
익을 안겨주었다. 그녀의 목표였던 실직한 아버지를
대신할 월급을 건물이 대신 벌어주었다.

나와 그녀의 운명을 가른 것은 무엇일까? 그녀는 뚜렷한 목표가 있었고, 나에게는 그런 목표가 없었다.

목표가 행동을 만든다. 재테크는 목표를 갖는 것에서부터 시작된다. 내가 가진 것으로 무엇을 할 수 있는지 고민하는 것, 내가 원하는 것이 무엇인지 생각해보는 것, 뚜렷한 목표를 찾는 것이 재테크의 첫걸음이다. S가 단돈 1,000만 원으로 6억 원짜리 건물을 살 수 있었던 것처럼, 불가능해 보이는 일들도 목표만 있다면 가능해진다.

처음부터 내가 남편에게 6억 원이라는 유산이 있다는 사실을 분명히 밝히고 이 돈으로 무엇을 할지 '함께' 고민했다면 어땠을까?

부부는 경제 공동체이자, 운명 공동체이다. 둘의 힘을 더하면 혼자일 때보다 몇 배로 강해진다. 결혼 전에 각각 나뉘어 있던 경제력이 결혼함으로써 두 배가 되고, 더 많은 선택지가 생기게 된다. 자신의 현재 위치를 파악하고 정확한 목표를 설정하기 위해서라도 부부의 자산 공유는 반드시 필요하다고 생각한다.

꼭 재테크나 부동산 투자가 아니어도 좋았다. 딱 1년

만 돈과 상관없이 정말 하고 싶었던 일을 해봤더라면 어땠을까?

당시 내가 받은 유산은 내 연봉의 몇십 배에 해당하는 돈이었다. 남편과 나는 젊었고, 아이도 없었다. 오로지 우리 둘뿐이었다. 그 돈으로 몇 년은 일하지 않고도 지낼 수 있었다. 돈으로 더 큰 가치가 있는 시간과 경험을 살 수도 있었다. 하지만 나는 일하지 않고 누릴 수 있는 자유에 대해서는 생각해보지 못했다.

대단한 무엇이 아니어도 좋았다. 그저 우리가 원하는 것 무엇이든 시도해볼 수 있었다. 지금도 꿈꾸는 세계 일주를 계획해볼 수도 있었겠다. 얼마 동안 어떤 나라를 어떻게 여행할지, 무엇을 보고 어떤 것들을 경험할지 구체적인 계획을 세우는 과정에서 불투명했던 것들이 확실해졌을 것이다. 유산을 어떻게 사용할지에 대한 계획도, 목표도 그 과정에서 더 뚜렷해졌을 것이다. 자연스레 내가 가진 돈의 목적과 행방에 대한 계획이 세워졌을 것이다.

돈이 나를 위해 일하게 하려면 목적을 분명히 정해야 한다.

돈은 고민하고 답을 구하는 사람에게만 방법을 알려
준다. 때로는 자신의 몸집보다 몇 배나 큰 액수의 금액
으로 보답하기도 한다.(S가 1,000만 원으로 6억 원짜리 건
물을 산 것처럼 말이다.) 하지만 돈에 대해 두려움을 갖
거나 안일한 태도를 보이는 사람에게는 제대로 응답하
지 않는다. 이럴 때 내 재산은 가치 이하로 평가 절하된
다.

돈을 제대로 활용하고 싶다면 내가 가진 돈의 가치
에 대해 많이 생각하고 고민해야 한다. 액수는 중요하
지 않다. 이보다 중요한 것은 내가 가진 돈으로 무엇을
하고 싶은지 분명하게 아는 것이다.

내가 산 채권이 부도를 맞았다고?

2013년, 우리 부부는 부도난 D증권사의 채권에 투자
했다. 오랫동안 연락이 끊겼던 남편 친구로부터 온 전
화 한 통이 그 시작이었다.

"여보, K 알지? 호주에 있을 때 같이 공부했던 친구.

당신도 그 친구 결혼식에 같이 갔었는데, 기억나? "

"알지. 오랜만에 연락이 왔네. 잘살고 있대?"

"무척 잘 지내나 봐, 벌써 D증권사 부지점장이래. 짜식, 출세했지. 이 나이에 부지점장이라니!"

당시 남편 나이는 서른셋, 부지점장 직함을 단 친구가 대단해 보일 만했다.

"조만간 그 친구 만날 거야. 좋은 소스 준다고 했거든."

"오~ 정말? 그 친구 잘 사귀어둬. 종종 만나고! "

K를 만나면 고급 정보가 술술 쏟아질 것만 같았다. 남편과 K의 만남이 은근히 기대되었다.

얼마 후 남편은 K와 술자리를 가졌고, 다음 날 그가 찍어준 상품에 바로 가입했다. 이것이 부도난 D증권사의 채권이다.

처음에는 수익이 제법 났다. 매달 월급처럼 들어오는 수익에 홀려 우리는 여윳돈 몇백만 원을 더 투자했다. 총 1,500만 원 정도를 운용했는데, 얼마 못 가 D증권사는 부도를 맞았다. 꽤 큰 증권사 하나가 통째로 날아가버렸다. 상상도 못 한 일이었다.

남편에게 자신의 회사 채권을 사라고 권했던 K는 예상하고 있었을까? 친구의 의도된 접근은 아니었을까? 돈도 돈이지만 친구에게 발등을 찍혔다는 사실이 우리 부부에게는 커다란 상처였다.

우리가 투자한 돈은 집 살 때 보태려고 모아 두었던 돈 중 일부였다. 돈의 목적이 분명히 있었음에도 부지점장 친구의 명함만 믿고 다른 곳에 덥석 투자한 것이 화근이었다. 쉽게 돈을 벌겠다는 탐욕에서 벌어진 일이었다.

얼마 전, 책장을 정리하다가 남편이 D증권사 집단소송 당시 증거로 제출했던 서류 더미를 발견했다. 서류 속에는 남편과 친구가 주고받은 문자 메시지도 첨부되어 있었다.

남편은 뉴스를 통해 D증권사가 부도 직전이라는 기사를 접한 모양이었다.

"ㅇㅇ야, 내 돈 괜찮아? 뉴스를 보니까 너희 회사 불안하던데, 내 돈 이제 빼야 할까 봐."

남편은 어떤 기사를 봤을까? 궁금한 생각이 들어 남편과 친구의 대화를 읽으며 당시 기사를 찾아보았다.

날짜 순으로 정리된 기사를 읽다 보니 우리가 겪었던 일들이 필름처럼 스쳐갔다.

총 3페이지에 달하는 대화 속에는 두 사람의 심리와 감정상태가 고스란히 담겨 있었다. 남편은 불안해했고, 친구는 연신 괜찮다는 말만 반복했다.

사실 이 사태가 터지기 몇 달 전부터 불안의 징조가 있었다. 꼬박꼬박 이어지던 수익금 지급도 이유 없이 끊긴 상태였다. 이것이 '시그널'이었다.

어떤 일은 아무 이유 없이 그냥 일어나지 않는다. 반드시 '시그널'이 있다. 불길한 징조가 보이면 그때서라도 멈춰서 확인해야 한다.

그런데 많은 사람이 이 신호를 지나친다. 시그널을 무시하고 직진하다가 되돌릴 수 없을 만큼 시간이 흘러서야 자각한다.

'아! 일이 잘못되었구나. 그때 내가 느낀 불길한 예감이 맞았구나.'

남편도 그랬을 것이다. 뭔가 이상한 느낌이 들었을 것이다. 그리고 매월 들어오던 수익금이 중단되었다면 그 이유를 알아봤어야 했다. 하지만 남편은 자신의 불길한 예감이 틀리기를 바랐을 것이다. 그래야 돈이 꼬박꼬박 들어오니까. 그래야 친구와 불편한 사이가 되지 않으니까. 그래야 와이프에게 면목이 서니까.

남편이 이상을 감지했던 시기는 D증권사가 부도 처리되기 한 달 전이었다. 그때라도 괜찮다는 친구의 말을 무시하고, 돈을 전부 찾았어야 했다. (물론 그때 돈을 찾았더라도 손실은 피할 수 없었을 것이다. 게다가 상품의 만기가 불과 1개월밖에 남지 않은 시점이었다.)

우리가 넣었던 돈은 6개월이 지나서 보상금 형태로 돌아왔다. 고작 원금의 10%에 해당하는 금액을 불공정거래에 의한 보상금으로 받을 수 있었다. 약간의 손실도 보지 않으려는 마음에 더 큰 손해를 보았다. 하나도 뺏기지 않으려다가 전부를 뺏긴 셈이었다.

어떤 일이 내게 올 때는 두 개의 형태로 찾아온다. '행운'과 '악운'이 그것이다. 이 둘은 동전의 양면과 같다. 누군가 다가와 '돈 되는 정보'를 알려준다며 친절을 베풀 때 덥석 물고 싶어진다. 그런데 그 정보가 제대로 된 것인지 확인할 능력이 없다면, 그것은 '독'이다.

남편 친구가 권한 상품에 투자하기 전에, 우리 부부는 그 상품이 정말 괜찮은 것인지 확인했어야 했다. 신뢰할 만한 회사인가? 돈이 된다는 이유와 근거는 무엇인가? 우리 스스로 이 질문을 던졌더라면 무모한 투자는 하지 않았을 것이다.

쉽게 얻을 수 있는 돈에는 유혹도, 위험도 많다. 은행이나 증권사에서 채권을 이율이 높은 적금인 것처럼 설명해 고객을 유치하는 사례를 요즘도 심심치 않게 뉴스를 통해 접한다. 2019년에 벌어진 DLS, DLF 사태 또한 내가 겪은 D증권 부도와 많이 닮았다.

제대로 알지 못한다면 아무리 많은 수익을 보장하더라도 투자하지 않는 것이 최선이다. 조금이라도 마음이 불편하다면 당신이 품었던 '확신'을 의심해야 한다. '나는 무엇을 믿고 있는가?' 당신의 생각을 점검할 타이밍이다.

'돈 되는 정보'의 유혹과 위험성

다음은 남편과 친구가 나눈 대화이다. 아래 대화에서 과거 우리 부부가 빠졌던 생각의 오류를 발견할 수 있을 것이다.

"부지점장이 왜 이러셔?"
친구의 직책과 권위에 기댔다.

"내 돈 괜찮아? 너희 회사 안 망해?"
뉴스를 통해 D그룹이 위험하다는 것을 감지하고 불안했지만 돈을 회수하는 대신 친구에게 돈의 안위를 물었다. 뭔가 찜찜한 기분, 좋지 않은 예감 등이 시그널이다.

"안 망해, 걱정하지 마. 멀쩡하다."
친구는 아무 문제가 없다고 강조했다. 어쩌면 남편은 이 말이 듣고 싶었을지 모른다. 결국 남편은 친구로부터 원하는 답변을 듣긴 했지만 계속 찜찜하다.

"몇 번이나 괜찮다고 해서 믿었는데 어떻게 하냐?"
남편은 친구를 탓할 것이 아니라. 자신을 탓해야 했다. 왜 돈이 된다는 친구의 말을 아무 의심 없이 받아들였는지, 왜 상품에 대한 정확한 정보를 얻기 위해 노력하지 않았는지 친구가 아닌 자신에게 물어야 했다.

"널 믿고 끝까지 돈을 안 뺐는데."

수익이 날 땐 좋아하며 친구에게 고마워했다. 남편이 돈을 회수하지 않은 진짜 이유는 '친구를 믿지 못하는 놈'도 되기 싫고, 처음에 얻었던 수익에 대한 미련을 버리지 못한 탓이다. 결국 우리 스스로 결정한 일이었다.

"미안하다. 친구라 더 잘해주고 싶었다."

상대는 미안하다고 하면 끝이지만 우리는 돈을 잃었다. 무책임한 손실의 결과는 오로지 당사자의 몫이 된다.

남편이 믿고 싶었던 것은 무엇이었을까? 친구였을까? 돈이 안전하다는 확신이었을까?

2장

'내 집'을 갖고
새로운 뇌가
생기다

인생의
터닝 포인트 '내 집'

나도 집을 갖고 싶어

주관 없이 남의 말에 이리저리 갈대처럼 흔들렸던 우리 부부는 '내 집'을 계기로 생각의 대전환을 맞게 된다.

'내 집'은 아무 목적도 없던 우리 부부에게 목표를 심어주었고, 내가 진짜로 원하는 가치가 무엇인지에 대해 생각할 수 있는 힘을 갖게 해주었다.

누군가 나에게 인생의 터닝 포인트가 언제냐고 묻는다면, 나는 단 1초의 망설임도 없이 '내 집'을 소유하게 된 시점이라고 말하겠다.

"여보, 이젠 우리 집을 사야겠어."

2014년 2월, 전세 계약 만기일이 석 달 앞으로 다가왔다. 남편은 신혼 초부터 집을 사고 싶어 했다. 분양 공고가 뜰 때마다 청약을 넣어보자고 여러 번 말했던 그였다. 하지만 나는 이런저런 핑계를 대며 집을 사자는 남편의 욕망을 못 본 척했다.

사실 나는 집을 살 마음이 없었다. 더 정확하게 말하면 결단을 내리기가 두려웠다. 집값이 내려갈까 봐, 집을 사고 난 뒤 더 좋은 집이 눈에 들어올까 봐 두려웠다. 내 선택을 후회하게 될까 봐 망설였다.

집을 사려면 돈이 필요한데 대출은 받고 싶지 않았고, 유산도 헐고 싶지도 않았다. 모든 것이 걱정스러웠다. 결국 어떤 선택도 하지 못했다.

그런데 이런 내 마음이 변했다. 나도 내 집이 갖고 싶어졌다.

"그래, 집을 사자. 나도 예쁘게 꾸민 내 집에서 살고 싶어."

몇 년간 잘못된 선택을 할까 봐 아무것도 하지 못했

는데, 너무도 단순한 이유가 내 마음을 움직였다. 내 취향대로 꾸민 집에서 살고 싶다는 단순한 욕망이 실패에 대한 두려움을 이긴 것이다.

더 이상 남이 쓰던 찝찝한 변기와 욕조의 때를 벗겨내는 일로 이사 첫날을 보내고 싶지 않았다. 오래된 장판과 취향에 맞지 않은 벽지를 더는 견디고 싶지도 않았다. 반짝반짝 빛나는 새 싱크대에서 밥을 하고 원목마루를 밟으며 살고 싶었다. 이렇게 단순한 이유로 나는 집을 사는 데 동의했다. 그리고 유산 일부를 집값에 보탰다.(이때까지 남편에게는 상속받은 유산의 총액수를 밝히지 않았다.) 드디어 남의 손에서만 움직이던 유산이 '내 의지'로 움직이기 시작했다. 내 돈에도 '목적성'이 부여된 것이다.

남편은 더 이상 메뚜기처럼 옮겨 다니고 싶지 않다고 했다. 아이가 생기자 안정 욕구는 더 커졌다. 이제는 정착할 집이 필요하다고 했다. 서로 다른 이유였지만 남편과 나는 집을 사는 데 의견을 모았다. 아이러니하게도 우리가 집을 사기로 마음먹은 이유는 그전까지 내 발목을 잡았던 '집을 사서는 안 되는 이유'보다 훨씬 소박하고 단순했다.

이것이 시작이었다. 시작이 반이라 했던가? 마음을 정하고 나자 그다음은 알아서 굴러가기 시작했다.

나는 롭 무어의 "지금 시작하고, 나중에 완벽해져라!"라는 말을 좋아한다. 별것 아닌 것 같지만 일단 시작하고 보는 것. 이것이 내 행동과 생각을 바꾸게 된 전부이다. 사람들이 어떤 결정을 내리는 데 대단한 이유나 계기가 있을 것이라 생각한다. 하지만 변화는 아주 작은 기대나 소망에서 시작된다. 내가 '집을 사야겠다'고 마음먹은 것처럼.

어디에 집을 살까?

"난 목동에 집을 사고 싶어. 여긴 아이 키우기에도 좋아. 언니와 오빠도 옆에 있고, 교통이 조금 불편하긴 하지만 아무튼 난 목동이 좋아."

나는 아무 연고도 없는 분당보다 언니, 오빠가 살고 있는 목동이 좋았다. 목동은 중학교 때부터 결혼 전까지 내가 살았던 동네다. 1단지부터 14단지까지 구석구석을 잘 알았다. 목동에 집을 사기 위해 내가 공부해야 할 것은 없다고 생각했다. 내 선택은 내가 '잘 아는' 목동이었다.

남편의 의견은 달랐다. 그는 신혼 초에 살았던 분당에 집을 사고 싶어 했다. 목동으로 이사한 후 춘천 시댁에서 집에 돌아갈 때마다 남편은 투덜거렸다.

"진짜 멀다. 차는 왜 이렇게 막히지?"

대놓고 말하지는 않았지만, 그의 말속에는 '다시 분당으로 돌아가고 싶어'라는 마음이 숨어 있었다.

목동 vs 분당.

남편과 내 의견이 갈렸지만, 두 곳 모두 우리가 살아본 지역이었다. 나는 가장 익숙한 동네인 목동을 선택했고, 지방 출신인 남편은 첫 신혼집이 있던 분당에 더 애착을 느꼈다.

남편은 나를 설득하기 위해 분당 지역의 아파트를 열심히 조사했다. 하지만 나는 목동의 아파트를 사기 위한 어떤 노력도 하지 않았다. 20년 넘게 살았던 동네라 너무 잘 안다고 생각한 것이다. 반면 남편은 분당에 집을 사야 하는 이유에 관한 꽤 객관적인 정보와 자료를 모았다.

"내가 보기엔 이 아파트가 우리 예산으로 살 수 있는 최적의 조건을 가진 아파트야."

남편의 설명은 이러했다.

1. 분당에서 몇 안 되는 20평대 계단식 아파트

계단식 아파트는 복도식보다 전용률이 넓게 빠진다. 이 말은 집을 넓게 쓸 수 있다는 뜻이다. 게다가 23평임에도 불구하고 방 세 개, 앞뒤 베란다까지 쓸 수 있는 구조는 커다란 메리트이다. 실제로 우리 집에 방문한 사람들이 20평 후반의 평수로 착각할 만큼 전용률이 아주 잘 빠진 아파트였다.

2. 인기 학군 배정 아파트

분당은 대체로 학구열이 높다. 하지만 그중에도 특별히 선호되는 지역이 있다. 우리가 선택한 아파트는 분당에서도 손꼽는 학군지 아파트였다.

3. 저용적률 아파트

향후 재건축에 유리하다. 남편은 저용적률 아파트라 재건축 추진이 가능할 거라고 했다. 우수한 학군지에서 아이들을 키우고 시간의 흐름에 따라 재건축까지 바라볼 수 있다면 얼마나 좋겠는가? 저용적률의 의미를 정확히 알지 못했지만, 이 또한 장점이 될 수 있겠다는 생각이 들었다.

남편의 설명을 들으니 여러 가지 장점이 많은 아파트임에 틀림없어 보였다. 게다가 남편은 학군지를 선호하는 내 취향까지 정확히 파악하고 있었다. 당시 나는 '아이 키우기 좋은 환경=학군지'라고 생각하고 있었다.

결국 우리는 남편이 점찍어둔 그 아파트를 사기로 마음먹었다. 집을 사기로 결정하자 모든 것이 일사천리로 이루어졌다. 집 구경이나 하고 오자는 가벼운 마음으로 갔다가 그날 계약금까지 걸어두고 돌아왔다.

"너도 참 바보다. 남편 말만 듣고 아무도 없는 분당에 집을 샀어?"

"언니, 진짜 너무 착하다. 집 사는 데 언니 돈도 보태놓고 결국 형부 말을 따른 거야?"

목동이 아닌 분당에 집을 샀다는 소식을 전하자 지인들은 모두 한마디씩 했다. 처음에는 나도 그들처럼 내가 착해서 남편 말을 들어줬다고 착각했다. 하지만 지금 와서 생각해보니 그게 아니었다.

나는 내가 원하는 목동에 집을 사기 위한 어떤 준비도, 조사도 하지 않았다. 남편의 계획이 나보다 더 치밀했고 설득력이 있었다. 남편은 나를 설득하기 위해 자신이 원하는 분당 아파트를 자세히 조사했다. 게다가 내 취향까지 반영해 집을 골랐다. 반박의 여지가 없었다. 반면 나는 목동 아파트를 사야 할 이유에 대해 남편처럼 일목요연하게 따져보지 못했다. 내가 착해서 남편 말을 들어준 것이 아니었다.

남편은 자신이 원하는 것을 정확하게 찾아냈고, 집을 사도 좋을 객관적인 근거를 상세히 모았다. 이것이 우리가 목동이 아닌 분당에 집을 사게 된 결정적 이유가 되었다.

남편은 원하는 것을 위해 행동했고, 나는 그렇지 못했다.

딱 한 번 본 집에 마음을 빼앗기다

집을 사기로 결정해서 실행에 옮기기까지 채 열흘도 걸리지 않았다. 우리는 딱 한 번 본 집에 마음을 빼앗겨 그날 바로 계약서를 썼다. 어떻게 이런 빠른 결정이 가능했을까?

우리는 하루 날을 잡아 목동에서 분당까지 집을 보러 갔다. 태어난 지 6개월 된 첫째와 함께였다.(아이가 내 집에 대한 욕망을 더 부추겼는지 모르겠다.) 이사 날짜가 맞는 집 위주로 매물들을 살펴보는데, 마음에 맞는 집이 없었다. 멀리서 온 발걸음이 아쉬워 기운 빠진 얼굴로 앉아 있는데 부동산 사장님이 침묵을 깼다.

"입주 시기는 아직 멀었지만, 전세 낀 집이 하나 있어요. 그거라도 한번 보시겠어요?"

우리는 구경이나 하자는 가벼운 마음으로 사장님이 권하는 집을 보러 갔다. 그런데 남편은 날짜도 맞지 않는 그 집에 마음을 빼앗겨버렸다. 뷰도, 향도, 층도 모두 마음에 쏙 들어 했다. 내가 보기에도, 입주 날짜만 빼면 모든 것이 지금까지 본 집 중에서 가장 좋았다.

우리가 살고 있는 집의 전세 만료일은 2014년 5월, 매수한 집의 입주 가능일은 2015년 2월이었다. 입주까지 무려 10개월이나 남았지만 우리에게 이런 것쯤은 문제가 되지 않았다. '마음에 꼭 맞는 내 집 구하기'라는 더 큰 목표가 있었기 때문이다.

이럴 때 우리 부부는 죽이 척척 맞는다. 이사 한 번 더 하는 데 따르는 수고로움보다는 내 마음이 무엇을 원하는지가 더 중요한 사람들이다.

원하는 것이 확실해지면 포기해야 할 것들이 보인다. 자연스럽게 선택과 결정도 빨라진다.

우리는 사고 싶은 아파트의 이름과 평형, 기타 조건들을 구체적으로 정해둔 상태로 집을 보러 갔다. 매수할 대상이 정확히 정해졌기 때문에 다른 곳은 볼 필요도 없었다. 시중에 나와 있는 매물 중 우리와 인연이 맞는 집을 고르기만 하면 되었다. 그랬기에 '온 김에 바로 사자'는 결정이 가능했다.

빠른 시간에 결정을 내릴 수 있었던 까닭은 다음과 같은 과정을 거쳤기 때문이다.

1. 내가 원하는 것을 정확히 안다.
   - 남편: 치솟는 전세금을 올려주기에 지쳤다. 나도 내 집에서 안정적으로 살고 싶다.
   - 나: 마음에 안 드는 구식 인테리어를 이제 못 견디겠다. 나도 내 집에서 예쁘게 꾸미고 살고 싶다.

2. 구체적으로 어떤 것을 원하는지 안다.
   - 아이 키우기 좋은 환경(학군지)
   - 미래 가치 상승이 있을 아파트(저용적률→재건축 가능성)
   - 감당 가능한 금액대의 아파트(무리하지 않는다)

내가 원하는 바를 최대한 구체적으로 떠올려보고 그 조건에 맞는 대상을 선택한다. 떠올리는 이미지가 구체적일수록 빨리 결정을 내릴 수 있다.

예산 한도 내에서, 두 사람의 라이프스타일과 가치관을 반영하고, 이에 부합하는 아파트를 찾으니 몇 개의 아파트가 레이더망에 걸렸다. 이 중 우리 부부와 가장 잘 맞는 곳을 추리니 어느 동네, 무슨 아파트, 몇 평을 사야겠다는 구체적인 계획을 세울 수 있었다. 게다가 전세 계약 만료일이라는 데드라인까지 정해져 있어서 '지금 바로' 마음을 정하는 것이 가능했다.

실패를 줄이기 위해서는 내가 잘 아는 곳에서 시작하는 것이 좋다. 목동과 분당 사이를 고민했던 이유도 우리에게 익숙한 지역이 딱 그 두 곳뿐이었기 때문이다. 고맙게도 분당과 목동은 많은 사람이 거주지로 선호하는 지역이다. 부동산 고수들을 말한다. 남들이 살고 싶어 하는 지역에 투자하라고 말이다.

나는 사람이 집을 고르는 것이 아니라 집이 사람을 선택하는 것이라 생각한다. 아무리 마음에 드는 집이라도 날짜가 맞지 않으면 팔기도, 사기도 힘들어진다. 하지만 우리는 날짜도 맞지 않는 집을 매수했다. 첫 집이었기에 내 마음에 꼭 드는 집을 찾고 싶은 욕망이 컸을 것이다. 원하는 것이 무엇인지 확실히 알았기에 가장 큰 걸림돌인 이사 날짜가 안 맞는 문제마저 유연하게 대처할 수 있었다.

첫 집을 매수하는 과정은 그 전까지 우리 부부가 돈

을 대했던 방식과는 사뭇 달랐다. 은행의 꼭두각시 노릇을 하고 탐욕을 조절하지 못해 주식과 채권 투자에서 실패할 때와는 완전히 달랐다.

우리 수준에 맞는 기준과 목표가 있었고, 나름의 소신과 원칙이 있었다. 무엇보다도 남이 아닌 내 자신이 중심이었다.

'욕심은 덜어내고, 나에 대한 고민은 철저히 할 것.'

이것이 내가 첫 집을 매수하며 얻은 교훈이다.

바보야, 네가 했던 것이 갭 투자잖아

이때 우리는 전세를 끼고 집을 샀다. 별다른 이유는 없었다. 단지 마음에 드는 집이 10개월 후에나 입주 가능했기 때문이다.

집주인은 이 집 외에 다른 부동산도 소유하고 있었는데, 집을 매도하는 이유가 비과세 혜택을 받기 위해서라고 했다.

집이 투자의 대상이 될 수 있다는 것을 한 번도 생

각해 보지 못했던 우리 부부는 세입자를 끼고 집을 사면서도 이것이 최소한의 돈으로 집을 살 수 있는 방법임을 깨닫지 못했다. 당시 우리의 유일한 관심사는 '내집' 입주 전 10개월을 어떻게 버티는가 뿐이었다.

최악의 경우 우리는 집을 사고도 또 한 번의 전세 계약을 감행해야 했다. 원하는 목표를 달성하기 위한 협상 계획을 세웠다.

1. 집주인에게 살고 있는 집의 전세를 연장하는 대신, 월세 전환을 제안할 것.
2. 집주인이 제안을 거절하면 새로운 전세집을 구하되, 우리 사정을 최대한 어필해서 10개월 후에 나가는 데 무리가 없게 할 것.

우리의 제안에 집주인은 목돈이 필요하다며 거절했다. 10개월을 살든 2년을 살던 내 알 바 아니니 전세 연장을 하고 보증금을 올려주거나 그게 싫으면 나가라는 뜻이었다. 전세 물건이 귀한 시절이었기에 아쉬울 것이 없었다.

우리가 전세 연장이 아닌, 월세를 제안했던 이유가

있었다. 그 집의 융자 비율이 걱정되었기 때문이다.

당시 '깡통전세'라는 말이 유행했던 터라 '부알못'인 우리 부부도 다른 건 몰라도 그 위험성만큼은 확실히 알고 있었다. 집주인이 요구한 금액만큼 전셋값을 올려주면 그 집의 융자는 집값의 70%가 넘었다. 위험해 보였다. 부동산에서는 집주인의 직업도 탄탄하고 융자를 못 갚아 집이 깡통이 될 일은 없을 거라 안심시켰지만 사람 일은 모르는 게 아닌가?

우리는 재협상을 시도했다. 전세 보증금을 올려주는 대신 대출금 상환을 요구했다. 그리고 집주인이 확실히 돈을 갚았다는 증거로 감액등기를 해줄 것을 요청했다. 우리가 전에 없던 철저함을 보일 수 있었던 이유는 '내 집' 덕분이었다. 만약 전세금을 모두 날려 '내 집' 잔금을 치를 수 없게 된다면? 그야말로 큰일이기 때문이다.

감액등기란 근저당권의 일부를 상환하여 근저당 금액의 채권 최고액을 낮추는 변경 등기를 말한다.

"감액등기 비용도 비용이지만, 대전에서 서울로 올라가려면 교통비도 들고 시간이 만만치 않게 들어요. 이번에 그쪽과 계약한다고 해도 10개월 후에 다른 세입자와 계약하기 위해 우리는 또 연차를 써야 하고, 교통비까지 추가로 들어요. 저희로서는 여간 귀찮은 일이 아니에요. 계약하는 데 드는 비용과 시간에 대한 보상까지 해줘야겠어요."

이대로 무리하게 계약을 진행했다가 계속 잡음이 생길 것 같았다. 결국 우리는 집을 사면서 애초에 마음먹었던 대로 이사를 한 번 더 하자고 결론 내렸다.

"저희 다른 집 알아볼게요. 사장님도 다른 세입자 알아보세요."

마음을 정하니 오히려 속이 편했다.

"새댁! 우리가 집을 구할 수 있게 도와줄게요. 불가능할 것 같아도, 찾아보면 서로 원하는 조건을 찾는 사람들이 나타나기 마련이더라고요. 아직 좀 여유가 있으니 기다려 봐요. 만약 조건에 맞는 집을 찾지 못하면 그냥 2년 전세 계약을 하고, 원하는 때에 나가도 괜찮아요. 요즘 전세는 쉽게 구하니까 세입자만 구해두고 나가면 아무 문제 없어요. 그때 복비는 받지 않고 연결해줄 테니 걱정하지 말아요."

나의 사정을 아는 또 다른 부동산 사장님이 조건에 맞는 집을 구하는 데 적극적으로 도와주었다. 그리고

극적으로 우리의 요구조건에 부합하는 집주인을 연결해주었다. 사장님의 마음 씀씀이가 얼마나 고맙던지, 나는 목동에 갈 때마다 꼭 간식과 음료를 사서 그곳에 들러 안부를 전한다.

"사장님, 그때 정말 고마웠어요. 사장님 덕분에 원하는 것이 무엇인지 확실히 알기만 한다면 불가능해 보이는 일도 가능하게 된다는 것을 알게 되었어요. 세상에는 나를 도와주는 사람들이 많다는 것도 알게 되었고요."

몇 년이 지난 일이지만 그때 부동산 사장님이 베풀어준 친절을 생각하면 내 마음은 따뜻해진다.

상황이 계속 어긋난다면 억지로 끼워 맞추지 말고 새로운 방법을 모색해보자. 때로는 엉킨 실타래를 푸는 것보다 과감하게 잘라내고 다시 시작하는 것이 쉽고 빠를 수 있다.

의도치 않은 갭 투자와 월세 수입

우리가 산 집은 전 주인이 '전세보증금 + 월세'로 세팅해둔 집이었다. 덕분에 뜻하지 않은 월세 수입이 들어왔다.

- 매월 들어오는 월세: 20만 원
- 입주까지 기다려야 하는 시간: 10개월
  20×10 = 200만 원

- 이사 비용 = 209만 원(이사비, 입주청소) + 69만 원(중개수수료)

우리가 지불한 이사 비용이 세입자로부터 받은 10개월 치의 월세와 같다는 사실을 알았다. 한마디로 이사 비용은 그때 받은 월세로 '퉁친' 것이다. 물론 부동산 중개수수료까지 더한다면 여전히 손해지만, 애초 집을 살 때부터 이사로 발생하는 부대비용은 기꺼이 감수하기로 마음먹지 않았던가? 뜻밖의 월세 수입은 계획에 없던 행운이었다.

당장은 손해인 듯 보여도, 긴 맥락으로 본다면 결코 밑지는 장사가 아니란 걸 깨닫게 되었다. 좋은지 나쁜지, 손해인지 아닌지는 시간이 지나면 더 분명히 알게 된다. 하나도 잃지 않으려 아등바등 애쓰지 말자.

내가 알아보지 못한
기회들

전세는 공짜, 집 사면 바보!

그동안 나는 집을 사는 사람들의 심리에 대해 알지 못했다. 집은 거주의 대상이라고만 생각했기에 자신이 들어와 살지도 못하는 집을 사서 '공짜'로 세를 주는 집주인을 '바보'라고 생각했다.

내가 유산을 상속받았던 2009년, 결혼했던 2010년은 집 사는 데 용기가 필요했던 시절이었다. 줄어든 매수 심리를 살리고자 일시적으로 규제 완화 정책도 많이 나왔다. 양도세 한시 감면 혜택, 양도세율 하향 조정, 미분양 주택 취등록세 감면 등 정부의 적극적인 정책과 노력에도 불구하고 많은 사람들은 집을 사지 않았다. 이들 중에 나도 포함되었다.

하지만 그 시절 집을 산 사람들은 손해 보지 않았다. 그들은 남들이 보지 못했던 것을 읽어냈거나, 얻어걸렸거나 둘 중 하나겠지만 중요한 것은 그들이 '행동'했다는 것이다. 대다수의 사람들이 집 사기 두려워 멈춰 있을 때 그들은 공포를 이기고 집을 샀다. 그 결과 전세가 상승(투자금 회수)과 매가 상승(수익 발생)이라는 두 마리 토끼를 다 잡을 수 있었다.

우리 신혼집은 전세가 9,000만 원, 매매가 1억 9,000만 원이었다. 1,000만 원 차이로 집주인과 세입자가 갈린다. 이 계산을 진작 해봤더라면 어땠을까?

1억 원이면 집을 사서 세를 놓을 수 있었는데, 우리는 2년마다 5,000만 원씩 전세금을 올려주면서도 그런 계산을 못 했다. 그대로 전세가 상승이 지속된다면 집주인은 투자한 지 2년이면 투자금을 전부 회수할 수 있었으니 엄청난 복리의 마법이 아닐 수 없다.

집은 절대로 사면 안 되는 대상으로만 봤던 시각이 문제였고, 내가 가진 돈의 가치에 대해 무관심했던 탓에 이런 계산을 해보지 못했다. 집을 몇 채나 사고도 남을 돈을 은행에 넣어두고도 세 번의 전세살이를 전전했다. 그럼, 그때 내가 살았던 전셋집의 집주인들은 어땠을까?

리모델링 호재가 있는 신분당선 라인에 위치한 18평 전셋집을 소유했던 첫 번째 집주인. 재건축 가능성이 충분한 목동 아파트를 소유하고 자신은 대전에 거주 중이던 두 번째 집주인. 목동, 판교, 강남 등 서울 요지에 집을 다섯 채나 가지고 있던 세 번째 집주인까지 그들은 모두 한결같이 '지금 집을 사도 좋을 이유'를 보여주고 있었다. 관심만 있었더라면 나는 세 명의 집주인으로부터 꽤 많은 것을 배울 수 있었다. 다만 내가 알아보지 못했을 뿐.

첫 번째 전셋집
─ 우리 딸이 여기 산다고 꼭 말해주세요

첫 번째 전세집의 주인은 내 또래 젊은 여자였다. 하지만 집에 관한 모든 행정업무는 그녀의 어머니가 도맡아 했다.

"가끔 구청이나 동사무소에서 거주자 확인을 나올 거예요. 그때 우리 딸이 여기 살고 있냐고 물으면 꼭 그렇다고 대답해줘요."

지금 생각해보니 당시 집주인은 위장전입을 했던 것 같다. 어쨌든 그건 불법이다. 정당하지 않은 일을 시키는 집주인에게 우리는 이유를 묻지도, 따지지도 않았다.

부탁을 하면서도 그녀는 당당했다. 그런 태도 때문에 오히려 그녀의 요구가 세입자의 당연한 의무처럼 느껴질 정도였다.

그녀의 말에는 이런 힌트가 숨어 있었다.

'우리 딸은 이 집에 들어와 살지 않을 거예요. 당신 같은 사람들에게 앞으로도 계속 세를 놓을 거예요.'

그녀가 살지도 못하는 집을 매수했던 이유는 무엇이

었을까? 그녀는 집값이 상승하기를 기다리거나 전세가격이 오르면 투자금을 회수하려고 했을 것이다.

당시, 아파트 곳곳에 '리모델링 사업 추진'에 관한 플래카드가 걸려 있었다. 이것 또한 집값이 올라갈 좋은 시그널이었다.

'이 집을 사도 좋을 이유'를 말해주는 많은 단서가 눈앞에 있었지만 나는 알아보지 못했다. 기회와 행운이 도처에 있지만 대부분의 사람은 그냥 지나치고 만다. 자신이 관심 있는 것만 보기 때문이다. 당시 나처럼.

우리는 친절한 세입자로 그 집에서 2년을 살았다. 2년 뒤 집주인은 전세 보증금을 5,000만 원 올려 받았다. 전세가가 오르는 덕에 더디긴 했지만 매매가도 조금씩 오르고 있었다. 우리는 그렇게 많은 금액을 올려주고 더 이상 그 집에 머물고 싶지 않았고, 재계약 한달 만에 계약을 파기하고 언니, 오빠가 있는 목동으로 이사를 했다.

18평 아파트 전세는 하루아침에 나갔다. 우리 다음에 들어온 세입자는 부부에 아이까지 한 명 있었다. 2인 가구가 최대일 거라고 생각했던 이 집의 수

요층은 생각보다 더 두터웠다.

이 아파트는 2021년 2월 분당 최초로 리모델링 사업 계획 승인을 받았다. 2010년에 1억 9,000만 원이던 18평 아파트가 지금은 9억 원이 넘는다. 리모델링 절차가 진행됨에 따라 가치는 더 올라갈 것이다.

"그때 그 집을 열 채만 샀어도 100억 부자가 되었을 텐데."

당시 돈도 있었고, 투자할 기회도 있었지만 모두 놓쳐버린 것에 대한 아쉬움을 과장을 조금 섞어 남편에게 토로하곤 한다. 그러면 남편은 "그 소리 한 번만 더 하면 100번이다" 하며 핀잔을 준다.

그때 딸 대신 집을 관리해주던 집주인의 행동에 관심을 가졌더라면 지금 우리는 어떻게 되었을까? 나는 오늘도 하나 마나 한 상상을 101번째 해본다.

두 번째 전셋집
— 집주인은 대전에 살아요

"아휴, 수고했어요. 이 거지 같은 집에서."

첫 번째 전셋집을 나올 때 집주인이 덕담인지 악담인지 모를 인사를 건넸다.

'뭐야, 이렇게 무례한 말을 하다니!' 하는 생각이 들었지만 내색하지 않았다. 이상하게 얄미웠던 집주인과도 안녕이었다.

우리는 목동에 두 번째 전셋집을 구했다. 이번에는 집을 조금 넓혀 방 두 개인 20평짜리 아파트를 계약했다. 고작 두 평 넓어졌을 뿐인데 방과 거실이 꽤 크게 느껴졌다. 남향에 확장된 거실이 넓고 환한 느낌을 주는 집이었다. 드디어 사람이 살 만한 최소 공간을 찾은 듯했다.

'이 정도면 꽤 오래 버틸 수 있겠는 걸.'

내심 흡족했다.

"집주인은 대전에 살아요. 입주할 계획은 없어요."

나는 무엇보다 부동산 중개인의 이 말이 좋았다.

이사를 한 번 해보니 생각보다 깨지는 비용이 많았다. 최대한 오래 살 수 있는 전셋집을 구하는 것이 나의 목표였기에 집주인이 지방에 산다는 말이 반가웠다.

하지만 이런 행복도 잠시, 날이 추워지자 이 집의 치

명적인 문제점이 드러났다. 두 번째 전셋집은 해가 떨어지면 그야말로 '시베리아'로 변했다. 이곳에서 겨울을 버틸 생각을 하니 아찔했다.

바람의 출처는 확장된 거실에 놓여 있는 붙박이장이었다. 장과 벽 사이에서 찬바람이 들어왔는데, 현관문을 여닫을 때마다 수납장이 바람 소리를 내며 들썩거렸다. 벽장 주위에 바람막이도 붙여보고 비닐도 대보았지만 소용 없었다.

견디다 못해 수납장을 뜯어보니 얇디얇은 합판 한 장을 사이에 두고 그대로 옆집 베란다였다. 그 집에 뭐가 있는지 다 보일 정도였으니 붙박이장을 흔들어 대던 바람의 정체가 이상할 리 없었다.

거실에 누우면 바닥은 펄펄 끓어도 코끝은 늘 시렸다. 완전히 속은 느낌이었다. 추위를 많이 타는 우리 부부에게 이 집에서 보내는 겨울은 너무나 길고 길었다.

어쩌면 그해의 추운 겨울이 우리를 더 이상 세입자로 머물지 않게 도와줬는지 모른다. 혹독한 겨울 추위를 버티며 우리 부부는 내 집을 사기로 결심했으니까.

세 번째 전셋집
— 우린 아파트가 다섯 채예요

내 집을 사고 입주하기 전까지 마지막 전셋집에서의 생활이 시작되었다. 딱 10개월만 살자는 심정으로 날짜와 조건이 맞는 집을 찾다 보니 전세가 귀한 상황에서 더더욱 선택지가 적었다.

이렇게 해서 살게 된 우리의 세 번째 전셋집 상태는 매우 심란했다. 1988년에 지어진 데다 인테리어도 80년대에 머물러 있었다.

입주 초기부터 줄곧 이 아파트에서 살았다던 집주인의 사연은 이러하다.

집주인은 미혼의 둘째 딸로, 사업가였던 아버지와 역시 미혼인 언니와 함께 살고 있었는데 아버지의 건강이 나빠져 공기 좋은 제주로 요양차 내려가게 되었다고 한다. 사람 좋게 생긴 두 딸은 학교 선생님과 공무원이었다. 그중 한 명이 휴직하고 아버지를 모시고 내려가는 듯했다.

집주인은 아버지의 건강이 회복되어 머지않아 이곳

으로 돌아올 것을 희망하고 있었고, 세입자인 우리는 계약 기간 2년 만기를 채우지 않고도 나갈 수 있는 집을 구하고 있었다. 마침 둘의 조건이 맞아떨어져서 계약할 수 있었다.

그런데 우리는 날짜만 생각했지 집 상태를 전혀 고려하지 않았다. 그 집은 누렇게 바랜 종이 벽지에, 어릴 적 기억에만 존재하는 바둑판 모양의 종이 장판이 깔려 있었다.

나는 어린 시절 엄마가 주기적으로 방바닥에 니스를 새로 칠하던 모습이 떠올랐다. 니스를 칠해야만 방수기능이 되고 종이를 겹친 자리가 정사각형으로 바둑판처럼 무늬를 만드는 종이 장판을 기억한다면 80년대 이전에 태어난 세대일 것이다.

그동안 숱하게 집을 보러 다녔어도, 종이 장판을 깐 집은 처음 만났다. 거실 쪽만 비닐 장판이었는데, 이마저도 들뜨고 찢겨 군데군데 테이프가 붙어져 있었다. 게다가 벽 곳곳에는 나무에 대못을 박은 옷걸이들이 걸려 있었고, 베란다 한쪽 구석에는 홍두깨와 다듬이질할 때 쓰는 커다란 돌도 놓여 있었다. 타임머신을 타고 80년대로 돌아간 기분이었다.

까칠하고 깔끔한 내 성격에 보고는 못 넘겼을 것들
이었지만, 10개월 뒤에 이사 갈 내 집이 있다는 사실이
이 모든 것을 눈감게 했다.

이사 온 첫날 저녁, 이유식을 만들기 위해 주방으로
갔다. 피곤했지만 졸음을 참아가며 이유식을 만들고
있는데 눈앞에 검은 형체가 휙 하고 빠르게 지나갔다.
너무 순식간이라 미처 보지 못했지만 나는 그것의 정
체를 알아차렸다.

"꺅!"

바퀴벌레였다. 너무 빨리 지나가서 잡지도 못한
채.(사실 그때까지 나는 바퀴벌레는 눌러 죽이지 못했다. 겨
우 할 수 있는 것은 신문지를 둘둘 말아 내리치거나, 뚜껑을
덮어 가두고는 남편을 부르는 정도였다.)

바퀴벌레의 등장으로 졸음이 싹 달아나고 말았다.
남편과 아이가 자는 방으로 달려가서 한바탕 소동을
벌였다. 바닥에서 자는 아이가 걱정되어 꼭 그 바퀴벌
레를 잡고 싶었다. 하지만 결국 도망간 바퀴벌레를 잡
지 못하고 우리는 불편한 잠을 청해야 했다. 그렇게 찜

찜한 마음으로 새 집에서 첫날 밤을 보냈다.

그 이후 새벽마다 이유식을 만들며 나는 무수한 바퀴벌레와 마주쳤다. 엄지손가락만 한 대왕 바퀴에서부터 새끼손톱 사이즈의 작은 바퀴까지 골고루 보았다. 그때마다 나는 비명을 질렀지만, 어느샌가 바퀴가 도망치기 전에 날쌔게 잡아 누르는 스킬까지 습득했다.

그 집에서 사는 10개월 동안, 나는 평생 봤던 것보다 많은 수의 바퀴벌레를 보았던 것 같다. 해충방지 업체인 세스코를 불러도 소용이 없었다. 연기를 피워 바퀴를 잡는다는 훈증요법도 동원했지만, 그 이후로도 바퀴는 유유히 집 안을 활개치고 다니다 나와 마주치면 천장의 몰딩 속으로 쏙 숨어버리곤 했다.

그래도 그 시간을 버틸 수 있었던 것은 10개월 후에는 이사 걱정 없이 살 수 있는 내 집이 있다는 것, 그리고 이제는 그 집을 내 취향대로 꾸밀 자유가 생겼다는 것이었다.

세 번째 전셋집 주인은 우리에게 세준 집 말고도 집을 네 채나 더 갖고 있었다. 판교, 목동, 강남 등지에 총 다섯 채를 보유했다. 그녀가 가진 집 중에 입지가 떨어지는 곳은 한 군데도 없었다. 아마 우리에게 세주었던 자신이 살고 있던 집이 가장 낡고 좁은 집이었을 것이다.

"어떻게 집을 다섯 채나 갖게 되셨어요?"

이제 겨우 집 한 채 산 경험이 전부였던 나로서는 그녀의 행동이 놀라울 따름이었다.

"저는 관리만 하고, 명의는 동생이랑 언니, 오빠가 갖고 있어요."

나는 이 말의 속뜻을 알지 못했다. 첫 번째 전셋집에서도 명의는 딸이 갖고 관리는 엄마가 해주고 있었다. 눈앞에 여러 채의 집을 가진 사람들이 나타나 힌트를 주는데도 나는 여전히 알아채지 못하고 있었다.

"대단해요. 서울 요지마다 좋은 집을 갖고 계시네요. 비결이 뭐예요?"

나는 용기를 내 그녀에게 집 다섯 채를 소유할 수 있게 된 비결을 물었다.

"저는 어렸을 적부터 용돈을 받으면 한 푼도 쓰지 않고 모아서 금을 조금씩 샀어요. 우리 사 남매 모두가 그랬어요. 이 집은 제게 무척 소중해요. 아빠가 예전에 사업을 크게 하셨어요. 그런데 사업이 망하고 가족이 여기저기 흩어져 살다가 목동의 이 집을 분양받게 된 거예요. 이 집에서 식구들이 다시 뭉쳤고 재기하겠다는 꿈을 키웠어요. 그때 집의 소중함을 알게 되었고 모아 두었던 금으로 집을 사기 시작한 거예요."

그녀의 이야기를 듣고 나서야, 이 집이 골동품으로 가득했던 이유를 이해할 수 있게 되었다. 그녀에게 집은 단순히 살아가는 공간 이상의 것이었다. 가족의 꿈을 키우는 곳, 흩어졌던 가족을 모이게 하는 것, 이것이 그녀에게는 '내 집'이 주는 또 다른 행복이었을 것이다.

내 집을 갖고 생긴
행복

취향을 반영한 집에 산다는 것

2015년 5월, 세 번째 전셋집을 끝으로 내 집에 입주하였다. 내 집이 생기고 가장 좋았던 것은 '내 공간'이 주는 '자유'였다. 2년마다 이사하지 않아도 되는 자유, 전세금 인상을 신경 쓰지 않아도 되는 자유, 무엇보다 내가 가장 마음에 들었던 것은 내 마음대로 꾸밀 수 있는 자유였다.

우리의 첫 집은 인테리어 사업을 하는 사촌 오빠가

꾸며주었다. 레스토랑과 카페 인테리어가 전문인 오빠가 선뜻 우리 집 공사를 맡아준 것에 대해 늘 감사하다. 덕분에 나의 첫 집은 정말 근사하게 변신했다.

공사를 위해 오빠와 회의를 하고 원하는 집의 모습을 스케치하는 과정이 참 즐거웠다. 전체적인 집의 느낌과 이미지, 방문과 중문 디자인, 싱크대와 가구, 벽지와 바닥재 그리고 타일의 소재, 톤, 질감 등 마음속에 담아두었던 이미지들을 꺼내고 그려보는 시간 자체가 큰 기쁨이었다.

우리 집에서 가장 내 마음에 들었던 것은 바닥과 부엌이었다. 예산 문제로 바닥재를 고민하고 있었는데 오빠가 선뜻 이렇게 말해주었다.

"원목 바닥은 강마루나 강화마루와 차원이 달라. 고급스러움을 완성하는 것이 바닥재야. 꼭 마음에 드는 것으로 골라. 안 그러면 계속 후회한다. 예산에 맞춰줄 테니 원하는 느낌을 이야기해봐."

"오빠, 마루를 헤링본 무늬로 하고 싶어."

"원목 바닥에 헤링본 무늬 정말 예쁘지?"

"그런데 예산도 문제고, 23평 집에 해도 괜찮을까? 좁아 보이거나 답답해 보이지 않을까?"

인테리어 잡지와 온라인 카페에서 정보를 찾아 보니 헤링본 마루 시공은 최소 30평 이상 집에 권장한다고 씌어 있었다. 오빠는 웃으며 답했다.

"하고 싶으면 하는 거지, 다른 사람들 의견이 뭐가 중요하니? 집이 좁아서 안 어울린다기보다 헤링본 시공 자체가 비싸니까 잘 안 하지. 오크 색으로 너무 진하지 않게 빼면 답답한 느낌 없이 자연스럽고 괜찮을 거야. 걱정하지 마."

다소 과감한 결정이었지만 오빠 말이 맞았다. 원목 마루가 주는 촉감은 인위적 가공을 거친 강마루나 강화마루에 비할 바가 아니었다. 따뜻하고 포근한 느낌, 맨발에 닿을 때 느껴지는 자연스럽고 편안한 감촉에 마루를 걸을 때마다 행복했다.

지금 살고 있는 집은 다소 저렴한 강화마루로 시공했는데 원목 마루가 주는 그 감촉이 늘 그립다.

그동안 인테리어는 지극히 개인 취향이라고 생각했다. 내가 수천만 원을 들여 수리했어도 집을 팔 때 수리 비용을 모두 회수하겠다는 욕심을 버려야 한다고 생각했다. 아낄 수 있다면 이 비용도 아끼는 것이 합리적이라 생각했다.

하지만 실제로 집을 팔아 보니 생각이 바뀌었다. 정성 들여 수리한 집은 다른 사람들도 알아본다. 모든 사람이 알아보지는 못하겠지만 집주인이 될 사람은 알아본다. 집주인의 취향이 반영된 집은 개성이 된다. 이런 집은 새로운 주인을 찾을 때도 전 주인과 비슷한 성향을 지닌 사람을 끌어당긴다. 내가 우리 집에서 마음에 들었던 포인트에 나와 비슷한 취향을 가진 사람도 매력을 느끼는 것이다.

무엇보다 내 취향이 반영된 집은 그곳에 사는 내내 만족감을 준다. 내가 사는 곳에 어느 한 귀퉁이라도 마음에 드는 공간이 있다면, 그 공간을 바라보는 것만으로도 행복해진다. 이것이 취향이 반영된 집에 사는 행복이다.

두 번째 집수리 과정을 거치며 내 취향을 좀 더 확실하게 알게 되었다. 내가 자연 그대로의 질감을 좋아하는 사람이라는 것을, 재질에 따라 다르게 느껴지는 촉감과 온도의 차이를 구별할 만큼 섬세한 사람이라는 것을 알았다.

정남향보다 오후 내내 깊이 해가 들어오는 남서향을

더 좋아한다는 것도, 반짝이고 화려한 느낌보다 편안하고 따뜻한 느낌을 선호한다는 것도 모두 내 집을 소유하게 되면서 알게 된 사실들이다. 집을 통해 나라는 사람에 대해서 더 잘 알아가게 된다. 이 또한 내 집이 주는 행복 중 하나이다.

정남향, 무조건 좋을까?

취향 이야기를 하다 보니 덧붙이고 싶은 말이 있다. 흔히 정남향이 최고라고 말한다. 하지만 이는 보편적인 생각일 뿐 사람마다 다를 수 있다.

집의 향을 고를 때도 가족의 성향과 라이프스타일 그리고 취향까지 고려하는 것이 좋다. 별것 아닌 것 같지만 나처럼 예민하고 섬세한 사람일수록 집의 '방향'은 매우 중요하다. 기왕이면 더 큰 만족과 기쁨을 누리기 위해서라도 자신의 기호와 취향에 맞는 집을 찾기를 권한다.

사실 '향'의 중요성도 내 집이 생기고 나서야 알게 되었다. 결혼 전에 부모님과 살던 집은 정남향이었다.

부모님과 함께 살던 시절에는 '부모님 집'이었기 때문에 별 관심이 없었고, 신혼 초에 살던 집은 '전셋집'이라 관심이 없었다. 둘 다 '내 것'이 아니었기에 무관심했다.

하지만 내 집이 생긴 후부터 달라졌다. 집의 '향'에도 취향이 있다는 것을 처음 알게 되었다. 첫 집은 남서향이고 지금 사는 집은 정남향인데, 내게는 남서향이 정남향보다 더 잘 맞았다.

남서향은 오후 1~5시 사이 해가 깊숙이 들어온다. 정오를 지나 해가 지기 전까지 고도의 변화에 따른 해의 양과 색감, 온도가 다르다. 이 변화를 오롯이 느낄 수 있는 집이 남서향 집이다.

남서향에 살다가 정남향 집으로 이사 왔을 때, '남향인데 왜 이렇게 어둡지? 앞을 가리는 건물도 없는데 대체 무엇 때문에 이렇게 어두운 거야?'라는 의문이 들었다. 해가 깊이 들어오는 남서향 집에 익숙해 있다가 온종일 은은하게 밝은 정남향의 태양 빛이 어둡게 느껴진 것이다.

사계절을 모두 지내고 나서야 정남향 집의 장점을 이해했다. 정남향은 여름에는 얕게 겨울에는 그보다 깊이 햇빛이 들어온다. 하지만 남서향 집과 같은 드라마틱한 빛의 변화는 없다. 온종일 은은하고 따뜻하게 유지되는 것이 정남향 집의 특징이다. 해의 기운이 일정하게 머무는 집이라고 할까?

물론 남향집은 하루종일 햇살이 머무는 최고의 장점이 있다. 하지만 내 취향은 남향보다 남서향이다.

동향 집에서도 살아봤다. 신혼 초에 살던 집이 동향이었다. 맞벌이하던 신혼 초 우리 부부에게 동향 집은 최고의 선택이었다. 동향은 해가 일찍 뜨고, 저녁에 지는 해를 볼 수 있다.

내가 동향 집을 좋아했던 것은, 서쪽을 향해 나 있는 창 덕분이었다. 퇴근하고 돌아오면 서쪽 창을 통해 쏟아지는 석양빛이 주방까지 깊숙이 들어왔다. 하루 중 내가 가장 좋아하는 시간이 해 질 녘 하늘이 붉게 물드는 시간이다. 석양이 붉게 물든 주방에서 사랑하는 사람과 함께할 저녁을 준비하는 그 시간이 내겐 큰 기쁨이었다.

맞벌이 신혼부부라면 동향집도 괜찮은 선택이다. 하지만 아이를 키우는 집이라면 남향을 끼고 있는 집을 추천한다. 낮 시간에 일조량이 풍부하기 때문이다.

사람은 태양의 기운을 받아야 기운이 난다. 집에 가족이 가장 많이 머무르는 시간과 해가 머무는 시간이 일치할 수 있다면 집의 만족도는 더 커질 것이다.

집은 사람을 담는 그릇이라 생각한다. 집과 주인의 에너지가 잘 맞으면 맞을수록 마음의 평화와 안정을 보다 많이 느낄 수 있을 것이다.

좋은 집, 나쁜 집의 구분이 별것인가? 내 집에서 기쁨과 행복을 더 많이 느낄 수 있다면 그게 좋은 집이라고 생각한다. 특히 나처럼 해의 방향과 고도의 변화까지 모두 섬세하게 느끼는 사람이라면 '향'은 집을 선택하는 데 꽤 중요한 요소가 아닐 수 없다.

진짜 이웃이 생기다

내 집은 이웃을 바라보는 시선도 바꿔주었다. 전세로 거주할 때는 2년 뒤에 떠나게 될 집, 잠시 머무르는 임시 거처라는 생각이 있어서인지 옆집에 누가 사는지 궁금하지 않았고, 궁금할 이유도 없었다.

하지만 내 집이 생기자 달라졌다. 현관문을 나서면 만나게 되는 모두가 나의 '이웃'이었다. 엘리베이터에서, 놀이터에서, 단지 안 상가에서 만나는 아파트 주민, 경비 아저씨, 청소 아주머니, 관리실 직원들 모두가 내 이웃이었다. 한 번 보고 말 사이가 아닌, 계속 보고 지낼 사이였다. 내 집은 이웃 간의 유대와 소속감을 느끼게 해주었다.

나는 첫 집에서 아주 고마운 인연을 만났다. 바로 앞집에 사는 가족이다. 앞집 엄마는 나와 동갑이고, 아이들까지 모두 나이가 같았다. 우리가 처음 만났을 때는 아이가 한 명씩이었다. 그리고 열흘 차이로 둘째를 임신했는데, 나는 그 일이 지금도 기적처럼 신기하다.

아무 연고도 없는 분당에서 아이 둘을 홀로 키운다는 것은 쉽지 않았다. 그녀가 없었다면 의지할 곳은 오로지 남편뿐이었을 것이다. 그녀 덕분에 아이 둘을 키우는 '독박 육아'가 어렵지 않았다.

우리는 대문을 트고 지내다시피 했다. 아이들은 맨발로 앞집과 우리 집을 오가며 서로의 집에 있는 숟가락 개수까지 맞출 정도로 허물없이 지냈다. 마치 사 남매를 키우는 기분이었다.

앞집 엄마는 내게 육아 동지이자, 이웃, 친구 그리고 멀리 떨어진 가족을 대신한 이웃사촌이었다. 대문만 열면 닿을 수 있는 거리에 이런 좋은 친구가 있어서 참 좋았다.

하지만 우리의 이웃으로의 인연은 오래가지 못했다. 큰 아이 취학을 앞두고 둘 다 이사를 결심했다. 나는 비과세 혜택을 받기 위해, 그녀는 친언니와 가까운 곳에서 살기 위해 집을 팔기로 한 것이다.

서로 다른 이유였지만 이사를 결심한 시점이 거의 같았다. 약속이나 한 듯이 두 집은 나란히 팔렸다. 그녀가 이사 가던 날. 아무 인기척이 없는 대문 앞에서 아이들과 나는 한참을 서 있었다.

"엄마, 이젠 앞집에 소원이는 없는 거야?"

"응. 이제 앞집에 요미 친구 소원이도, 보트 친구 주원이도 없네, 그리고 엄마 친구도……."

우리가 이사 가던 날, 나는 그녀의 가족과 함께 보냈던 8층에서의 4년을 추억하며 나란히 마주하고 있는 두 개의 대문을 사진으로 남겨 왔다.

네 아이가 맨발로 오갔던 복도, 한솥밥 먹던 저녁 시간, 우리가 만난 지 4년째인데 그때 입었던 홈웨어를 아직도 입고 있다며, 서로의 옷을 보고 까르르 웃었던 어느 날의 추억 모두가 내 기억 속에 남아 있다.

이제 그녀와 눈곱도 떼지 않고 마시던 모닝커피를 마실 수는 없지만, 이웃에서 평생 친구로 새로운 인연을 이어갈 것이다.

돈을 움직이는 힘이 생기다

입주 첫 해는 내 집에서 사는 재미를 충분히 느끼며 지냈던 시간이었다. 이 집에 온 지 한 달 만에 둘째가 생기고 이듬해 봄 우리 가족은 셋에서 넷이 되었다. 새로운 환경에서 크고 작은 변화들이 찾아왔다. 그중 가장 놀라운 변화는 돈에 대한 새로운 인식과 관심이 생겼다는 점이다. 이 변화는 작은 질문에서 시작되었다.

'우리집 가격이 얼마나 될까?'
그동안 한 번도 궁금해하지 않았던 집값이 궁금해

지기 시작했다. 나는 부동산 시세를 확인하고 깜짝 놀랐다. 그 사이 집값은 7,000만 원이나 올라 있었다. 1년 만에 7,000만 원이라니 그동안 내가 감당해왔던 전세가 상승률보다 훨씬 큰 금액이었다.

'그때 사려고 했던 목동은 어떻게 되었을까?'

내 집이 올랐다는 기쁨도 잠시, 매수 후보로 생각했던 목동아파트 가격은 더 많이 오른 것을 확인하자 은근히 배가 아팠다.

그날 이후 나는 매일 아침 두 지역의 시세를 살폈다. 보면 볼수록 내가 갖지 못한 목동 아파트가 탐나기 시작했다.

'아무래도 목동 아파트를 한 채 더 사야겠어.'

새로운 목표가 생겼다. 기왕이면 최저가를 잡아야겠다는 목표도 추가되었다. 새로 등록되는 매물 중 급매를 잡기 위해 아침마다 부동산 시세를 확인하는 것은 물론이고 주기적으로 부동산 사장님과 통화해서 현장의 분위기를 살피는 열성을 보였다.

"사장님 ○억 언더면 무조건 제가 살게요. 꼭 연락 주세요."

구체적인 가격을 제시하고 기다렸지만 한 번 오른

아파트 가격은 내가 정한 기준 아래로는 끝내 내려오지 않았다.

원하는 가격을 잡기 위해 시세를 확인한 지도 6개월이 넘었다. 장시간 두 지역의 시세를 확인하다 보니 재미있는 규칙이 눈에 들어 왔다. 계속되는 상승장에서도 중간중간 가격이 눌리는 시기가 찾아오는데, 이 시기가 되면 벌어졌던 두 아파트 가격이 나란히 키 맞추기를 했다. 그러다 다시 상승이 시작되면 언제 그랬냐는 듯 목동 아파트 가격은 모터를 달고 날아갔다. 1년 가까이 지켜보다 보니 이런 흐름이 주기적으로 반복된다는 것을 알게 되었다.

두 아파트 가격이 비슷해지는 시점! 이때가 목동 아파트를 추가로 매입하거나 분당 아파트를 팔고 목동아파트로 갈아타기 좋은 시점이라는 것을 알게 되었다. 그 타이밍이 두 번쯤 찾아왔지만 나는 어느새 분당의 생활이 좋아졌다.

목동 아파트를 추가로 매입하기 위해 대출을 받고 싶지 않았고, 분당의 생활을 접고 목동으로 돌아가고 싶지도 않았다. 나는 계획을 수정했다. 대출 없이 살 수 있는 분당의 아파트를 하나 더 사기로 한 것이다.

그사이 목동은 2억 원, 분당 아파트는 1억 원이 올랐다. 집을 살 때만 해도 예상치 못했던 결과였다. 내가 기대했던 것은 주거의 안정과 내 취향대로 꾸미고 살 수 있는 자유였지 시세 상승은 생각지도 못한 일이었다. 그런데 두 아파트 시세를 1년 넘게 지켜보면서 확신이 생겼다.

'집도 돈이 될 수 있구나.'

눈이 번쩍 떠졌다. 이걸 알게 된 이상, 가만히 있을 수 없었다. 마이너스 수익률만 안겨줬던 펀드를 해지했다. 이제 PB센터 따윈 필요 없었다.

태어난 지 5개월 된 둘째를 품에 안고 집을 보러 다니기 시작했다. 집 앞 부동산 사무실을 돌며 나와 말이 통하는 사장님을 물색했다. 처음 보는 사람과도 스스럼없이 말을 섞을 수 있는 내 성격도 한몫했다.

큰 아이를 어린이집에 등원시키고 매일 부동산으로 출근했다. 그동안 부동산 까페를 통해 모아 온 정보를 토대로 염두에 둔 분당의 아파트들을 차례로 살폈다.

내 기준은 분당의 저용적률, 대지 지분 많은 아파트였다. 마침 뜻하지 않은 재건축 열풍이 일었다. 당시만 해도 서울과 수도권의 부동산 분위기는 그리 좋지 않았다. 대부분의 사람은 집 사기를 두려워했고, 전세는 하늘 높은 줄 모르고 치솟았다.

정부는 주택시장 활성화와 서민주거 안정 방안으로 각종 부흥책을 쏟아냈는데, 그중 하나가 2014년에 발표한 재건축 규제완화 정책이다. 기존 40년이었던 재건축 연한을 30년으로 축소하고, 안전진단 기준도 완화하여 재건축 사업 추진이 여러모로 쉬워졌다. 재건축 규제완화로 얼어붙었던 부동산 시장에 훈풍이 불기 시작했다.

정부 정책으로 1980년 후반에서 1990년 초반에 지어진 아파트도 조건만 된다면 재건축 추진이 가능해졌다. 내가 연일 들여다보았던 두 지역의 아파트가 재건축 연한 축소 혜택을 볼 수 있는 아파트 단지였던 것이다.

목동 아파트는 1988년, 분당 아파트는 1995년생이다. 게다가 두 아파트 모두 150% 미만의 저용적률 단지다. 처음 분당 아파트를 살 때, 분당에 몇 안 되는 저용적률 단지라 향후 재건축을 추진할 때 유리하게 작용할 거라던 남편 말이 맞았다. 우리가 산 아파트도 재건축 이슈의 물살에 올라탔다.

마음이 급했다. 매일 집값이 오르는 것이 보였기 때문이다. 기회를 잡기 위해서 내가 할 일은 현장으로 출동하는 것뿐이었다.

3장

내가
주인이 되는
투자를 하라

기회를
내 것으로 만드는 방법

내가 가진 것을 확실하게 인식할 것
: 5년 만에 드러난 유산

"여보, 당신 통장에 무슨 돈이 이렇게 많아? 난 처음에 잘못 본 줄 알았어. 이 돈 어디서 났어?"

부동산이 돈이 된다는 것을 깨닫기 시작했을 무렵, 엄청난 사건이 일어났다. 그동안 남편에게 비밀로 했던 유산의 존재를 들키고 만 것이다.

어느 날 남편이 대뜸 내 돈의 출처를 물었다. 아무도 모르는 통장 잔고를 남편이 정확히 꿰뚫고 있다는 사실에 당황스러웠다.

"여보, 무슨 소리야? 뭘 본 거야?"

"당신 노트북. 어제 마지막 쓴 게 은행거래 하느라 쓴 거지? OO은행 인터넷 뱅킹하고 노트북 닫지 않았어?"

"맞아. 어제 이체할 게 있어서 썼어. 그런데 노트북에 공인인증서도 없고, 당신이 내 아이디랑 패스워드도 모르는데 어떻게 내 통장 잔고를 봤어?"

귀신이 곡할 노릇이었다. 완전 기계치인 내 상식으로는 도저히 상상할 수 없는 일이 벌어진 것이다.

남편은 내 노트북을 가져와 화면을 보여주었다. 마지막 사용했던 인터넷 뱅킹 송금 완료 화면이었다. 전체 계좌 잔고가 찍힌 화면이 떡하니 저장되어 있었다.

"이게 뭐야?"

"내가 묻고 싶은 말이야. 이 돈 뭐야?"

"사실, 엄마한테 받은 유산이야. 이거 오픈하면 흥청망청 쓰게 될까 봐, 나도 지금까지 없는 돈이라고 생각하며 살았어."

"집 살 때 보탠 돈도 혹시 여기서 나온 돈이야? 처형한테 빌린 게 아니고?"

나는 대답도 못 하고 고개만 끄덕였다.

"사실 나도 이 돈을 어떻게 해야 할지 모르겠더라고. 내가 돈을 관리할 능력이 있는 것도 아니고. 당신을 못 믿어서가 아니야. 나를 믿지 못해서 그랬어."

솔직히 말하는 것 말고는 도리가 없었다. 이게 사실이었으니까.

"근데 저 화면 뭐야? 어떻게 한 거야?"

내가 당황해하며 물었다.

"몰랐어? 맥북에 자동저장 기능이 있는 거?"

"난 몰랐지."

내 목소리는 점점 더 기어들어 갔다.

"근데 당신 정말 실망이다. 난 당신이 나를 속이고 있다는 생각은 한 번도 해본 적이 없었어."

남편은 온갖 감정이 범벅된 얼굴로 나를 바라보았다. 남편이 느꼈을 심정을 정확히 설명할 수는 없지만, 충분히 짐작하고도 남았다. 사실 나도 이 돈을 숨기는 5년 동안 마음이 편치만은 않았으니까. 남편에게 거짓말을 하는 것 같고, 죄를 지은 것 같기도 해서 내 기분도 말로 표현할 수 없을 만큼 복잡하고 힘들었으니까.

이 일은 우리 부부에게 오히려 긍정적으로 작용했다. 그동안 남편을 속여 늘 죄짓는 마음이었는데 더 이상 숨길 것이 없어지자 홀가분해졌다. 무엇보다 가장 좋은 점은 우리에게 주어진 이 돈을 어떻게 할 것인지 '함께' 고민할 수 있게 되었다는 것이다.

이로써 내가 줄곧 없다고 생각했던 돈이 우리 부부의 삶 속으로 뛰어들게 되었다.

내가 가진 돈으로 무엇을 해야 할지 확실히 알게 되었을 때 남편에게 말할 기회가 주어진 것에 대해 감사하게 생각한다. 적당한 타이밍에 적절한 기회가 내게 온 것은 그야말로 행운이었다.

망설이지 말 것

"괜찮은 매물이 나왔는데 한번 보시겠어요? 원하시던 단지는 아니지만 시세보다 싸게 나왔어요. 대지지분도 꽤 높고요."

집을 하나 더 사기로 결심하고 매일 부동산으로 출근하다시피 할 때의 일이다. 당시 급매를 잡으려고 열심히 뛰어다니고 있었는데, 채 한 달도 되지 않아 부동산으로부터 연락이 왔다.

나의 관심은 분당의 저용적률 재건축 가능성이 높은 단지였다. 목동이 재건축 규제완화로 상승세를 타는 것을 보니 분당의 재건축 유망 단지에 투자하고 싶었던 것이다. 이 조건에 맞는 단지는 아니었지만 가격이 너무 좋아 곧바로 부동산으로 달려갔다.

사장님은 같은 평수의 다른 매물들도 함께 보여주었다. 확실히 시세보다 싼 물건이었다.

"지금 볼 수 있을까요?"

"연락해볼게요."

'초품아(초등학교 품은 아파트)'에 대형 마트와 도서관이 가까운 단지였다. 세입자는 그 집에서 5년째 살고 있다고 했다. 자녀는 두 명으로, 초등학교와 중학교에 다니고 있었다.

아이가 학교에 다니기 시작하면 집을 옮기기 쉽지 않다. 큰 아이가 중고등학교에 다니는 최소 6년, 혹은 둘째 아이가 고등학교를 졸업할 때까지 약 9년은 한 동네에 머물 확률이 높을 것이다. 조건만 맞는다면 살던 집에서 계속 살고 싶어 할 수 있으니 세입자를 구하느라 이리 뛰고 저리 뛸 일은 없을 것 같았다. 생각이 여기까지 미치자 이 집을 사도 좋겠다는 생각이 들었다.

"매수하고 싶어요."

첫 집을 샀을 때처럼 이 집도 딱 한 번 보고 매수 결정을 내렸다.

"사모님, 집을 사고 싶다는 사람이 나왔는데요. 계좌번호 주시겠어요?"

사장님이 집주인에게 전화를 걸었다. 집주인은 남편과 상의해 보겠다며 전화를 끊었다. 잠시 뒤 전화가 걸려왔다.

"네? 1,000만 원이요?"

집주인은 그 자리에서 내놓은 시세에 1,000만 원을 올리겠다고 했다. 감정이 상했다. 포기하고 싶은 생각도 들었다.

"500만 원 올려드릴게요. 갑자기 1,000만 원이나 올리는 것은 너무 해요."

집주인은 거절했지만 나는 물러나지 않고 200만 원 흥정에 성공하였다. 결국 말 한 마디로 집주인은

800만 원을 올려 받고 나는 200만 원을 깎은 것이다.

"이거 제가 살게요. 계좌 주세요."

나는 마치 여러 건의 매수 계약을 해본 사람처럼 씩씩하게 외쳤다. 약해 보이고 싶지 않았다. 큰 아이 픽업 시간이 다가와서 계좌를 받지 못한 채 부동산 사무실을 나왔다.

답변을 기다리는 동안 갈등이 생겼다.

'잘한 결정일까?'

의심이 들었다. 호기롭게 '500만 원!'을 외치고, 안 되면 200만 원이라도 깎아달라며 매수 의사를 밝혔는데 생각할 시간이 주어지자 내 선택에 자신이 없어졌다.

'이 집을 사도 될까? 집값이 내려가지 않을까?'

불안이 엄습해왔다. 결정을 번복하고 싶은 생각도 들었다. 집주인이 계좌를 넘겨주기 전에 내가 먼저 그만두겠다고 말하고 싶었다.

4시간이 지나서야 집주인으로부터 계좌번호를 받을 수 있었다. 여전히 떨리고 두려웠지만, 이 집을 사도 괜찮다는 생각, 처음 내가 느꼈던 느낌을 믿어보기로 했다. 가계약금 1,000만 원을 송금하고 나서야 흔들리는 마음이 진정되었다. 주사위는 던져졌고 이로써 경험 하나가 추가되었다.

이 무렵부터 나는 본격적으로 집을 거래하면서 많은 결정을 하고 그 과정에서 생긴 문제들을 스스로 해결해나가기 시작했다. 부동산 투자뿐만 아니라 인생을 통틀어 스스로 이렇게 많은 선택과 책임을 스스로 떠안으며 주체적으로 살아본 것이 거의 처음이었다.

내가 두 번째 아파트에 투자한 금액은 취등록세와 부동산중개료까지 포함하여 8,000만 원이었다. 사실 이 정도 금액이면 2016년 서울 수도권에 이보다 좋은 투자처는 무수히 많았다. 하지만 내 시야가 목동과 분당 오직 두 곳에 한정되어 있었기 때문에 다른 지역을 보지 못했다.

매수를 벼르고 있던 목동 아파트는 전세가율이 분당 아파트보다 낮았다. 당시 목동에 투자하려면 최소 3억 원이 필요한 상황이었다. 내가 쥐고 있는 현금은 2억 원이 조금 넘는 금액이었고 전세를 끼고 목동에 아파트를 산다고 해도 1억 원의 대출이 필요한 상황이었다. 대출이라는 부담을 안고 싶지는 않았다. 차선책으로 나는 대출 없이 가진 자금으로 매수 가능한 분당 아파트를 선택했다.

그때는 목동 아파트를 살 수 없어 매우 안타까웠지만, 수익률만 놓고 보면 실투자금이 적게 들어간 분당 아파트가 훨씬 나은 선택이었다.

뭐든 아는 것만큼 보이는 법이고 생각하는 만큼 행동할 수 있다. 나는 딱 내가 아는 범위 내에서 할 수 있는 최선을 택했다. 내공이 깊었다면 같은 금액으로 더 많은 수익을 낼 수 있었겠지만, 결정을 미루지 않고 미흡하더라도 생각을 행동으로 옮긴 덕에 성과를 낼 수 있었다.

무슨 일을 하기에 완벽한 때라는 건 결코 없다.

유리한 타이밍을 잡을 것

등기권리증 안에는 집의 역사가 담겨 있다. 최초 분양 가격, 손 바뀜이 일어난 시기, 집을 거쳐 간 주인들의 나이와 거주지, 거래 가격 등에 대한 정보가 고스란히 기록되어 있다. 한마디로 등기권리증은 내가 산 집의 역사책인 셈이다.

등기권리증에 기록된 매수 매도인의 주소지를 통해 어느 지역의 누가 해당 아파트에 관심을 가졌는지도 알 수 있다.

손 바뀜이 일어난 시점에 매도자의 주소지를 살펴보면 주인이 이 집에 계속 거주했는지 세를 주었는지도 짐작해볼 수 있다. 이 대목에서 내가 보아온 분당의 집들이 왜 이렇게 낡고 수리 보수된 집이 없었는지 조금은 알 것 같다. 내가 샀던 집들은 주인이 거주하지 않고 세를 돌린 집이 대부분이었다.

재미있는 것은 내가 산 아파트의 2000년대 초반 가격은 지금 시세의 10%도 안 되는 금액이었던 것이다. 물가 상승률을 고려하더라도 그때 부동산에 투자했다면 엄청난 수익을 거두었을 것이다.

등기권리증을 들춰보며 내 집을 거쳐 간 집주인들이 지금은 어디서 어떤 모습으로 살고 있을지 궁금해졌다. 그때 이 집을 샀던 것을 혹은 팔았던 것을 그들은 어떻게 평가하고 있을까? 후회하고 있을까? 잘한 선택이라며 기뻐하고 있을까?

누군가는 이 집을 거쳐 간 경험을 토대로 더 큰 부를 이루었을지 모른다. 혹은 잘못된 판단으로 손해를 본 뒤 두고두고 후회할지도 모른다.

앉은 자리에서 1,000만 원을 올리겠다고 한 그때 집주인의 심정을 계약일에 등기권리증을 넘겨받으며 알게 되었다.

2006년 5월에 집을 취득한 전 주인은 2016년 10월에 내가 샀던 금액보다도 무려 3,000만 원이나 비싼 가격에 집을 샀다. 초코파이 하나도 가격이 오르는 10년인데 전 주인의 집값은 도리어 떨어진 것이다.

그는 10년의 세월이 흘러 당시 매수했던 가격을 겨우 회복하려는 기미가 보이자 매도를 결심했을 테고, 매수자가 나타나자 본전 생각이 났을 것이다. 그것이 그 자리에서 1,000만 원을 올려 부르고 200만 원을 깎아달라는 내게 답을 못하고 반나절을 기다리게 했던 이유이다.

2006~2007년 가격이 꼭지일 때 집을 사서 남들 다 집값이 올라 좋아하는 2016~2017년까지도 웃지 못하

는 사람들이 내 주변에도 여럿 있었다. 그들을 보며, 부동산은 흐름을 잘 타는 것이 정말 중요하다는 생각을 다시 한번 하게 되었다.

미안하게도 이 집은 내가 매수한 이후 가격이 두 배가 되었다. 2020년 10월에 매도 계약을 체결했는데, 수익률은 120%, 투자금 대비 수익률은 620%가 넘었다.

나는 가끔 10년 뒤, 20년 뒤 내 모습을 상상하곤 한다. 지금 내가 한 거래들이 어떤 스토리와 역사를 만들까 하는 상상 말이다.

수익 실현을 할 것

우연히 부동산 시세를 들여다본 뒤 나는 집이 돈이 된다는 것을 알았다. 이 사건을 계기로 집을 하나 더 사고 나니 또 다른 고민이 생겼다.

1가구 2주택 한시적 비과세 제도를 이용하면 한 푼의 세금도 내지 않고 양도차익을 모두 챙길 수 있다는 것을 알게 된 것이다. 단 조건이 있다. 첫 집을 3년 안에 매도해야 한다.

'이 집을 팔아? 말아?'

그때부터 새로운 고민이 시작되었다. 너무 아끼는 내 집, 나의 첫 집을 떠나보내느냐 마느냐를 놓고 2년 넘게 고민했다. 이 때문에 부동산 전문가도 찾아가고, 강연도 듣고, 상담도 여러 번 받았다. 세세한 조언과 코치는 사람마다 달랐지만 큰 틀은 똑같았다.

'비과세 혜택은 무조건 받아라.'

2019년 11월까지 일시적으로 1가구 2주택 비과세 혜택이 남아 있었다. 그 전까지 매도하든지, 보유하든지 결정해야 했다.

내키지 않았지만, 우리 부부는 집을 팔기로 했다. 막상 팔기로 결정하니 그 이후 과정은 너무나 순식간에 진행되었다. 역시 결단 내리는 것이 가장 어렵다. 마음을 정하고 나면 해야 할 일들은 자연스럽게 따라온다는 것을 또 한 번 실감했다.

"여보, 아무래도 집을 파는 게 좋겠어."

내가 먼저 말을 꺼냈다. 사실 지난 2년 동안 수도 없이 우리 부부가 고민해왔던 문제이다. 하지만 이젠 결론을 내려야 할 때가 왔다. 내 생각은 확고했다. 남편에게 집을 팔아야 하는 이유를 브리핑했다.

첫째, 비과세 혜택을 받아야겠다.

운이 좋게도 집값이 꽤 많이 올랐다. 얼추 계산해봤을 때 비과세 기간이 지나면 양도소득세로 1억 원이 넘는 돈을 내야 한다. 집을 매도하고 새로 매수했을 때 드는 취득세, 부동산중개료, 수리비, 세금과 부대비용을 모두 따져도 내야 할 세금보다 적은 금액이 든다. 전문가들이 입을 모아 비과세 혜택을 꼭 받으라고 이야기한 이유가 이것이다.

둘째, 수익은 실현해야 진짜 수익이다.

집값이 많이 올랐지만, 실현하지 않은 수익은 가상의 수익일 뿐이다. 수익을 현실화하는 것은 매도하는 방법뿐이다.

셋째, 더 넓은 집으로 이사하고 싶다.

이 집에 처음 이사 왔을 때는 23평이면 괜찮겠다 싶었다. 하지만 곧 둘째가 태어났다. 세 명에서 네 명으로 가족이 늘자 집이 너무 좁게 느껴진다. 이번 기회에 집도 넓히고 절세도 해서 삶의 질을 높이고 싶다.

넷째, 아늑함을 버리고 도전하고 싶다.

우리는 집이 두 채에, 대출도 거의 없다. 차도 현금으로 샀다. 이번 기회에 대출을 받아서 레버리지를 제대로 활용해 보자. 아늑함을 택할 것이냐? 위험을 각오하고 새로운 기회를 만들 것이냐? 나는 도전을 택하고 싶다. 새로운 도전이 새로운 기회를 만들어준다는 것을 알기에 머무르고 싶지 않다. 변화가 필요하다. 아깝다고 생각하지 말고 매도하자.

처음 이 집을 샀을 때, 나는 평생 살 집이라 생각했다. 여러 가지 이유로 매도가 아닌 보유 쪽으로 생각이 기울기도 했다. 인테리어도 고급스러워서 세를 줘도 잘 나갈 것이고, 계단식 구조에 방 3개짜리 20평대 구조가 분당에 많지 않기 때문에 희소성이 있다. 분당에서 선호하는 학군지에 용적률도 좋아서 나중에 재건축 시에도 유리하다. 계속 가지고 있어도 이 집은 황금알을 낳아줄 거위가 될 가능성이 있다. 그래서 고민의 시간이 길었다. 2년 넘게 보유냐, 매도냐를 놓고 팽팽한 줄다리기를 해왔다.

어느 쪽을 선택하든 나쁘지 않을 것 같았지만 우리에게 주어진 시간 안에 최선의 결정을 내려야 했다. 결국 우리 부부는 매도를 택했고, 내놓은 지 3주 만에 집이 나갔다. 이렇게 우리 첫 집은 우리 부부의 손을 떠났다.

비과세 혜택, 무조건 좋기만 할까?

집 한 채에서 두 채가 되고, 일시적 1가구 2주택 비과세 제도라는 것을 알게 되었다. 이 제도의 혜택을 받기 위해 놓친 기회가 상당했다.

1. 1가구 일시적 2주택 혜택만 신경 쓰느라, 3주택 이상을 취하지 못했다. 분당에 집을 하나 더 사고도, 1억 원이 넘는 금액이 남았다. 집을 하나 더 살 수 있었는데 비과세 혜택을 받기 위해 더 이상 투자를 이어가지 못했다.

2. 절세는 투자의 꽃이라 한다. 하지만 절세 혜택을 받는 것보다 더 중요한 것이 있다. 시장의 흐름을 읽는 것이다.

2019년 6월, 나는 첫 집을 팔았다. 내가 산 금액에서 2배 정도 오른 가격에 팔았다. 양도차익이 커서 비과세 혜택을 받고 파는 것이 계속 보유하는 것보다 이득일 거라고 판단했다.

하지만 집을 판 지 1년 도 안 돼 집값은 내가 판 가격의 두 배가 되었다. 단기간에 엄청나게 상승했다. 그 집을 계속 보유했더라면 세금을 내고도 비과세 혜택을 받는 것보다 더 많은 수익을 챙길 수 있었다.

시장을 정확히 예측하기란 쉽지 않지만, 이 세상에 '무조건' 통하는 법칙은 존재하지 않는다는 것이다. '비과세 혜택을 무조건 받으라'는 말은 잘못된 것이다.

전문가의 조언보다 자신이 처한 상황을 바로 아는 것이 더 중요하다. 내가 가진 자원을 가지고 무엇을 할 수 있을지, 어떤 계획을 세우는 것이 합리적인지는 자신만이 정확히 판단할 수 있다.

기억하라. '무조건' 통하는 법칙은 이 세상에 없다는 것을.

집
'잘' 사고파는 법

주도권을 잡을 것

집을 내놓고 무엇보다 스트레스를 받았던 것은 집을 보여주는 일이었다. 시도 때도 없이 걸려오는 부동산 방문 요청 전화에 응하다가는 집을 팔기 전에 몸져누울 것 같았다.

나는 아이들이 없는 평일 오전 시간을 활용하여 여러 가지 강의를 듣고 있었는데, 이 시간을 방해받고 싶지 않았다. 그렇다고 집을 보여주는 일도 게을리 할 수 없었다. 대책이 필요했다. 그래서 생각한 방법이 집 보여줄 시간을 부동산이 아닌 내가 정하는 것이었다.

"오전에는 집을 보여줄 수 없어요. 대신 오후 5~7시에는 항상 집에 있어요. 이 시간에는 언제나 방문하셔도 돼요."

집을 내놓았다면 매일 보여줄 수 있는 고정 시간을 정해두는 편이 좋다. 내 일도 방해받지 않으며 집을 보여줄 수 있는 최선의 방법이다.

저녁 5~7시는 하루의 2라운드가 시작되는 시간이다. 하원한 아이들을 씻기고 식사 준비를 하고 다 같이 식탁에 앉아 저녁을 먹을 시간. 그때 누군가 우리 집을 방문한다면 어떨까? 어찌 보면 이 시간이 하루 중 가장 바쁜 시간이고, 내 생활이 그대로 노출될 수 있는 시간이다.

나는 오전의 개인 스케줄을 포기하는 대신 이 시간에 우리 가족의 모습을 그대로 보여주는 것을 택했다. 정신없이 바쁠 시간에 집을 보러 온다면 정갈하게 정돈된 모습만 보여줄 수는 없다. 전략이 필요했다. 나는 할 일을 하면서 집을 보러온 사람도 편하게 볼 수 있는

'윈-윈 전략' 말이다.

내가 사는 모습을 자연스럽게 홍보할 것

"실례합니다. 잠시 집 좀 구경할게요."

저녁 준비를 하다 말고 앞치마 차림으로 손님을 맞는다. 나는 다시 주방으로 와서 내 할 일을 한다. 집을 보러 오는 손님은 편하게 구경하고 집에 대한 설명은 부동산 사장님이 대신한다. 집을 몇 차례 보여주면서 터득한 내 나름의 집 보여주기 방식이다.

처음에는 집 보러 오는 한 분 한 분께 우리 집의 장점을 설명하느라 바빴다. 내 집이 너무 소중해서, 좋은 가격에 팔고 싶다는 욕심이 나를 집 파는 '쇼 호스트'로 만들었다.

하지만 몇 차례 집을 보여주면서 내 행동이 집을 파는 데 썩 도움이 되지 않는다는 것을 알았다. 일단 내가 너무 피곤했다. 하루에 두세 번 집을 보여줄 때도 있었는데, 그때마다 하던 일을 멈추고 집 보여주기에 집중

하려니 스트레스가 상당했다.

무엇보다 내가 열심히 설명하는 내용에 사람들은 그다지 관심을 보이지 않았다. 괜한 에너지를 낭비하지 말자는 생각이 들었다. 내 집에 방문한 모두가 매수 희망자는 아니지 않은가?

좋은 것은 말하지 않아도 알아본다. 그리고 매수자는 내가 열심히 설명하는 장점에 환호하지 않는다. 처음에 이런 태도에 상처를 받기도 했다.

하지만 그들과 나의 입장이 완전히 다르다는 것을 알았다. 상대방은 조금이라도 집을 싸게 사고 싶은 매수 희망자이고, 나는 조금이라도 가격을 더 받고 싶은 매도자이다. 아무리 마음에 드는 집을 발견했어도 내색하지 않는 편이 그들에게 훨씬 유리하다. 이를 통해 감정을 드러내지 않는 것 또한 전략이 될 수 있다는 것을 배웠다.

같은 맥락으로 매도자가 집에 대해 너무 적극적으로 설명하는 것이 오히려 집의 가치를 떨어트릴 수 있다. 상대는 '저 사람 급하구나'라는 뜻으로 해석할 수 있는 것이다.

내 집을 홍보하고 싶다면 자신이 일상적으로 하는 일을 최대한 우아한 태도로 하면 된다. 여기서 포인트는 '척'이 아닌 '진짜'여야 한다는 것이다. 자연스럽게 이 집에서 생활하고 있는 나의 '진짜' 모습을 보여주는 거다.

매수 희망자들이 방문하는 오후 5~7시에 우리 집에는 이런 풍경이 펼쳐진다. 아이들은 영어 시디를 들으며 책을 읽고, 나는 열심히 저녁 준비를 한다. 이것이 우리 집의 평상시 풍경이었는데, 내 의도는 다음과 같았다.

이 집에 사는 사람은 이렇게 살아요.
- 아이들은 TV보다 책을 좋아해요.
- 영어 스토리를 음악처럼 들어요.
- 엄마는 건강한 재료로 요리해요.(평소 나는 생협에서 장을 보는데 식사 준비를 하다 보니 그날의 재료가 자연스레 오픈된다.)

물론 내가 의도한 바가 집을 매도하는 데 도움이 되었는지 안 되었는지 알 수 없다. 누군가는 오직 수익률과 경제적 가치에만 관심을 갖겠지만 또 누군가는 나의 라이프스타일이 좋아 우리 집에 호감을 느낄지도 모를 일이다. 분명한 것은 집에 대한 호감과 그 집에 살고 있는 사람에 대한 호감까지 더해진다면 거래가 성사될 확률이 더 높아진다는 것이다.

매도자도 매수자도 지켜야 할 예의가 있다

"사모님, 매수자가 나타났는데 1,000만 원만 깎아주면 계약하겠다고 하는데요. 어떻게 할까요?"

집을 내놓은 지 3주쯤 되었다. 여러 명이 다녀갔지만 오늘처럼 사겠다고 나선 이는 없었다. 기분이 묘했다. 우선 남편에게 전화를 걸었다.

"부동산에서 전화 왔는데 1,000만 원 깎아 달래. 난 괜찮은 것 같은데, 당신 생각은 어때?"

"오, 진짜? 우리 중간에 3,000만 원 올렸잖아. 기간 안에 팔아야 하는데, 임자 나타났을 때 팔자."

남편과 이야기를 마친 뒤 바로 부동산에 전화를 걸었다.

"사장님, 저희는 그 제안 받아들이고 싶은데 매수 의향이 확실하다면 계좌 보내드릴게요."

처음 연락을 받고 다시 부동산에 전화하기까지 걸린 시간은 20분이 넘지 않았다. 매수 희망자가 나타났을 때는 예스(yes)든 노(no)든 바로 답해줘야 한다. 특히 내 입장이 분명할 때는 시간을 끌지 않는 것이 좋다. 그래야 내가 원하는 답을 얻을 수 있다. 사람의 마음은 쉽게 변하기 때문이다. 상대방이 미적거리면 단 30분 사이에도 변할 수 있는 것이 사람 마음이다.

우리에게는 시간이 없었다. 기간 안에 집을 매도해야만 비과세 혜택을 받을 수 있는 상황이었다. 시기를 놓치면 매도할 의미가 없었다. 기간 안에 매도하는 것이 우리 부부의 1차 목표였고, 좋은 가격에 매도하는 것은 두 번째 목표였다. 1,000만 원이나 깎아달라는 제안이 달갑지는 않았지만, 1차 목표를 달성하기 위해 우리는 매도 의사를 밝혔다.

게다가 매물로 내놓은 지 3일 만에 3,000만 원을 더 올려서 내놓은 터라 상대의 제안을 받아들여도 나쁘지 않은 선택이었다. 내 기준에 조금 미흡하더라도 기회가 왔을 때 매도하는 것이 옳다고 생각했다.

그런데 가격 흥정에 응한다는 의사를 밝혔음에도 불구하고 상대방은 1시간이 넘도록 소식이 없었다. 불쾌했으나 재촉하지 않았다.

한 통의 전화로 나는 많은 정보를 파악할 수 있었다. 지금 시장에서 반응하는 가격이 얼마인지를 알았으니, 이제 정해진 기간 안에 집을 팔 확률은 더 커진 셈이었다. 상대가 내 제안을 받아들이지 않더라도 나쁠 것 없다는 생각이 들었다. 왠지 기회는 또 올 것 같았다.

하원한 아이들을 데리고 집으로 들어가는 길에 집을 내놓았던 또 다른 부동산의 사장님과 마주쳤다.

"사모님, 이따 6시에 집 좀 보러 갈게요."

나는 이 말이 달갑지 않았다. 한 시간 전에 매수 의사를 밝힌 사람이 있었기에 더 이상 집을 보여주고 싶지 않았다.

"좀 전에 다른 부동산에서 집을 사고 싶다고 연락이 왔어요. 아직 계좌번호는 보내지 않았는데, 어찌 될지 모르겠네요."

"얼마에 사신데요?"

나는 1,000만 원을 흥정했다는 이야기는 하고 싶지

않았다.

"내놓은 가격에 사신다고요. 연락 기다리는 중이에
요."

나는 거짓말을 하면 단박에 들통나버리는 스타일인
데다가 이 말을 하면서 스스로 어색함을 느꼈다. 분명
히 부동산 사장님도 눈치챘을 것이다. 내가 거짓말을
하고 있다는 것을 말이다.

"그래도 아직 어찌 될지 모르니, 제가 소개한 분께도
집을 보여주시는 게 어떨까요?"

내키지 않았지만, 부동산 사장님의 말이 맞았다. 아
직 계약금이 입금된 상황도 아니고 심지어 상대는 계
좌번호조차 묻지 않은 채 네 시간이 흘렀다.

"네, 그럼 6시에 오세요."

나는 못 이기는 척 또 다른 약속을 잡았다.

그리고 집으로 돌아와 오후에 매수 의사를 밝혔던
부동산에 전화를 걸었다.

"사장님, 그분 아직 연락 없으신가요? 집값을 깎고,
계좌번호 달라는 연락도 없으시네요. 8시까지만 기다
리겠습니다."

전화를 끊으며 왠지 그분과는 인연이 안 될 것 같다

는 느낌이 들었다.

"딩동."

집을 보여주기로 약속한 팀이 정확히 6시에 도착했다. 신혼부부로 보이는 젊은 남녀 한 쌍이었다.

살 사람은 딱 한 번 보고 산다

부동산 사장님의 설명을 들으며 집을 둘러보던 부부가 내게 말을 걸었다.

"실례가 안 된다면, 마루 사진 좀 찍을 수 있을까요?"

그동안 이렇게 구체적인 행동을 취하는 사람은 없었다. 나는 내심 기뻤다. 드디어 나와 코드가 통하는 사람이 나타났구나 싶었다.

"네, 찍으셔도 괜찮아요. 저희는 마루에 신경을 많이 썼어요. 헤링본 시공이 일자 시공보다 1.5배 정도의 비용이 들어요. 게다가 천연 원목 마루를 썼고요."

나는 신나서 마루에 대한 설명을 덧붙였다.

"그러게요. 마루가 정말 예쁘네요."

부부가 돌아가고 10분 뒤 부동산 사무실로부터 연락

이 왔다.

"사모님, 방금 보고 가신 분들이 500만 원만 깎아주면 계약하겠다는데요. 어떻게 할까요?"

오전에 1,000만 원을 깎아달라는 사람은 계좌번호도 묻지 않고 잠적했다. 500만 원 깎아달라는 흥정에 거절할 이유가 없었다.

계좌번호를 넘기자마자 바로 계약금이 들어왔다. 얼떨떨했다.

파는 사람과 사는 사람의 '합'이 맞아야 거래가 성사된다. 이 합을 맞추는 것도 결국 '타이밍'인 셈이다.

내가 먼저 챙겨야 할 중도금

집을 사고팔 때, 돈이 오가는 절차가 있다. 이 절차를 기억하는 것이 자금 조달 계획을 세우는 데 도움이 된다. 매수자 매도자 쌍방의 조건과 계약 절차를 확인하는 계약금, 계약의 유효함을 확정 짓는 중도금, 집의 명의가 바뀌는 잔금까지 보통 3단계 과정을 거치며 거래가 완료된다.

처음 집을 살 때는 각 단계에 주고받는 돈의 의미와 날짜의 중요성에 대해 잘 알지 못했다. 중도금 액수도 잔금 지급일도 모두 부동산 사무실에 맡기고 거기서 하는 대로 따랐다.

그런데 매도와 매수가 바로 이어지는, 소위 말하는 '갈아타기'를 할 때는 중도금을 제대로 챙기지 못하면 매수할 집의 중도금이 부족해 큰 낭패를 볼 수 있다. 대게 상급지로의 이동이 대부분이니 매도 금액보다 매수 금액이 크기 때문이다.

우리도 첫 번째 집을 팔고 옮겨 갈 집을 계약할 때 중도금 액수를 조율하느라 고생한 경험이 있다. 당시 매수인 측에서 제시한 중도금 액수는 매매가의 20%도 되지 않았는데, 생각 없이 OK했다가 매수할 집의 중도금도 치르지 못할 뻔했다. 우리는 관행대로 40%를 요구했고, 처음에 난색을 보이던 매수인이 여러 방안을 강구한 끝에 그 액수를 맞춰주었다.

매수인은 중도금 40%를 어떻게 마련할 수 있었을까? 부동산 사장님이 매수인과 협의한 후 우리에게 한 가지 제안을 했다. 매수자가 중도금 대출을 받을 수 있게 협조해 달라는 것이었다.

이는 흔히 쓰이는 방법은 아니지만 법적으로 전혀 문제될 것이 없다. 중도금 대출은 매수 예정자 명의로 실행된다. 매도자의 재산 권리 행사에 아무런 영향을 주지 않는다. 그럼에도 불구하고 많이 이용되지 않는 이유는 단지 찜찜하기 때문이다. 잔금도 받지 않은 상태에서 내 집을 담보로 대출을 받는다는 것이 석연치 않은 것이다.

하지만 중도금 대출은 매수자 이름으로 실행되고, 담보 또한 매수자의 신용이 된다. 단지 기분 때문에 거절할 이유는 없다.

우리는 매수자의 중도금 대출을 허용함으로써 원하는 금액만큼 중도금을 받을 수 있었고 기존의 대출금도 모두 갚을 수 있었다. 덕분에 무려 두 달간 대출이자로부터 자유로워졌다.

유연한 사고는 문제를 훨씬 쉽게 만들어준다는 것을 배운 경험이었다.

오피스텔 투자를 통해
배운 것

오피스텔의 신

'오피스텔은 돈이 안 된다', '관리하기 어렵다', '아파트가 가장 쉽다' 같은 오피스텔에 대한 긍정적인 말보다 부정적인 말들을 더 많이 접해왔다. 사실 나도 이 말에 겁을 먹어 오피스텔 투자는 생각해본 적이 없었다.

그러던 어느 날 오피스텔만 20채를 가지고 있는 J를 부동산 모임에서 알게 되었다.

"오피스텔 20채요?"

열 손가락도 모자라 두 손을 두 번이나 쥐었다 펴야

셈할 수 있는 20채라니!

"왜 오피스텔이에요? 오피스텔만 집중적으로 공략한 이유가 뭐예요?"

아파트를 여러 채 가진 사람은 봤어도, 오피스텔만 이렇게 많이 가진 사람은 처음 보았다.

"오피스텔은 주택임대사업자로 등록하면 임대소득세도 감면받고, 취득세와 재산세 감면 혜택까지 받을 수 있어. 전용면적 $40m^2$ 이하의 임대 주택은 재산세와 취득세가 100% 면제되거든. $60m^2$ 이하도 취득세 면제에 재산세 50% 감면 혜택을 받을 수 있는 데다, 양도세, 종부세 합산 배제가 가능했으니 그야말로 '꿀'이었지. 시세 상승에, 월세 수입도 생기고. 그런데 이 혜택은 2018년으로 끝났어."

J는 한시적으로 시행되었던, 주택임대사업자 세제 감면 혜택을 활용하여 2018년도까지 입지 좋은 소형 오피스텔을 사 모았다고 한다. 하지만 그가 아파트 대신 오피스텔을 집중적으로 공략한 데는 더 큰 이유가 있었다.

J는 세 자녀의 아버지였다. '다자녀 특공'을 활용하기 위해서 다주택자가 되는 아파트 투자를 포기하고 1주

택 요건을 유지할 수 있는 오피스텔 위주의 투자를 한 것이다.

1주택 + 오피스텔 20채(주택임대사업자 등록).

이렇게 세팅하면 그는 여전히 1주택 자격으로 청약할 수 있었고, 다자녀 특공의 기회까지 노릴 수 있었다.

그의 설명에 나는 감탄을 금치 못했다. 자신을 알고, 세상 돌아가는 상황을 파악하고, 제도를 활용하면 돈이 되는 길이 보인다는 걸 나는 J를 통해 배웠다. 내게 그는 '오피스텔의 신'이었다.

해보지 않고 좋은지 나쁜지 어찌 아는가?

오피스텔의 신 J로부터 한 통의 전화가 걸려 왔다.

"송파 쪽에 좋은 조건의 오피스텔이 있는데 투자해 볼 생각 없어?"

당시 나는 1가구 2주택 한시적 비과세 혜택을 받아야 한다는 생각에 매여 더 이상 투자를 이어가지 못하고 있었다. 투자의 맥이 끊긴 상황이라 몸이 근질거리던 참이었다.

"사실 오피스텔에 투자해보고 싶다는 생각을 많이 했어요. 하지만 올해까지 비과세로 아파트 하나를 정리할 계획인데 오피스텔을 추가로 취득해도 비과세 혜택을 받는 데 문제없을까요?"

"문제없지. 지난번에 말한 것처럼 오피스텔은 건축법에 해당해서 주택법에 따르는 아파트와 달리 주택수에 포함이 안 돼. 그러니 아파트 양도할 때 오피스텔은 아무 상관 없어. 그래서 하라고 권하는 거야. 네 계획을 알고 있으니."

J가 자신 있는 목소리로 말했다.

"무엇보다 지금 소개하는 물건의 조건이 좋아. 최초 분양 조건으로 취득할 수 있어서 주택임대사업자로 등록하면 취득세를 85%나 감면받을 수 있거든. 앞으로 수서역세권 개발 호재도 있고, 시간이 지나면 시세 상승도 챙길 수 있을 거야. 여긴 공실 걱정도 없으니, 자금 상황 보고 월세든 전세든 네가 결정하기만 하면 돼."

모든 조건이 너무 좋았다. 게다가 오피스텔을 전세로 임대할 경우 투자금도 많이 들어가지 않았다.

마침 주말이라 남편과 아이들을 데리고 부동산을 찾았다. 직접 눈으로 보니 더 좋아 보였다. 위치도, 조건도 모두 마음에 쏙 들었다.

"현재 남은 물건이 2층 22평과 13층 19평이에요. 몇 층으로 하시겠어요?

"주로 어떤 사람들이 세입자로 들어오나요?"

"근처에 법원도 있고 교통도 좋아서 수요자는 다양해요. 주로 전문직 직장인이죠. 낮에는 거의 집에 없고 밤에 잠만 자러 오는 경우가 많아요."

이런 경우 집의 크기는 중요하게 생각하지 않을 수도 있겠다 싶었다. 그들이 원하는 것은 무엇일까? 짧지만 편안하고 안락한 휴식을 원하지 않을까? 1층은 상가고, 2층부터 주거 공간이다. 아무래도 2층은 식당과 카페에서 들리는 소음이나 음식 냄새 때문에 휴식을 방해받을 수도 있겠다는 생각이 들었다.

우리는 13층을 선택하고 바로 계약금을 넣었다. 부동산에서 세입자까지 알아서 맞춰주었다. 나중에 안 사실이지만 오피스텔은 높은 층일수록 인기가 많다고 한다. 이제 잔금 지급일에 맞춰 전세 계약을 하면 그만이었다. 모든 일이 일사천리로 이루어졌다.

나는 이곳 부동산 사장님들의 빠르고 정확한 일 처리에 깜짝 놀랐다. 주로 취급하는 물건이 임대 목적의 오피스텔이다 보니 아파트만 상대하는 동네 사장님들과 확실히 달랐다. 거래가 성사될 수 있도록 조건을 맞추는 데 도사들이었다.

원하는 조건으로 전월세 맞추기, 임대사업자 등록과 세금 문제 등 단계별로 필요한 서류와 절차까지 '척하면 착' 하고 해결책이 나왔다.

잔금을 치르고 세무서와 시청에 들러 주택임대사업자 등록 신청도 마쳤다. 인터넷으로 모든 절차를 처리할 수 있었지만, 현장의 분위기를 느껴보고 싶었다. 주택임대사업자로 등록하는 사람들이 얼마나 많은지, 어떤 사람들인지, 행정절차는 어떻게 되는지 눈으로 확인해보고 싶었다. 세무서와 시청에 가서 직접 서류를 제출했다.

오피스텔이 좋은지 나쁜지 내가 해보지 않고 어찌 아는가? 내 집을 갖고 부동산에 관심이 생겼듯이 오피스텔을 갖게 되면 직접 운용하면서 새로운 관심이 생길 것이다. 게다가 주택임대사업자에 대해서도 배워볼 좋은 기회가 아닌가? 가장 정확하게 배울 수 있는 방법은 직접 해보는 것이다.

처음에는 부담 없이 전세를 놓고 여유자금이 생기면 월세로 전환해 매월 고정 수익을 만드는 것이 목표였다. 꽤 괜찮은 계획이라는 생각에 나도 모르게 흐뭇한 미소가 지어졌다.

오피스텔은 주택일까?

첫 집의 매도계약서를 쓰고 몇 주가 흘렀다. 그때까지 석 달 전에 취득했던 오피스텔에 대해서는 까마득히 잊고 있었다.(오피스텔 취득은 2019년 5월에, 첫 집 아파트 매도 계약은 같은 해 9월에 하였다.)

그러던 어느 날 나는 잠결에 일어나 검색을 하기 시작했다. 뭔가 불길한 예감에 잠을 뒤척이다 내가 미처 확인하지 못한 절차가 있다는 생각이 들었다. 아주 중요한 세금 문제를 놓친 것이다.

'오피스텔 양도세.'

'오피스텔 주택 수.'

갑자기 등골이 오싹해졌다. 오피스텔 고수의 말만 듣고 나는 인터넷 검색조차 하지 않았다. 오피스텔은 주택임대사업자로 등록하면 주택 수에서 빠지니 다음 아파트 비과세 혜택을 받는 데 문제없을 거라는 J의 말만 공식처럼 믿은 탓이다.

오피스텔을 소개해준 J의 말이 필름처럼 빠르게 머릿속을 지나갔다.

'오피스텔은 주택법이 아닌 건축법에 해당해서…… 임대사업자로 등록하면 주택으로 간주하지 않으며…… 애초 계획한 비과세 혜택을 받는 데 문제없다. 게다가 취등록세까지 85%나 감면받을 수 있으니 이 얼마나 좋은 기회인가? 그동안 비과세 혜택을 받으려고 아무것도 못 했는데, 새로운 투자법이 있으니 이쪽으로 오시라!'

하지만 내가 1분도 안 되는 시간에 검색한 단 두 문장으로 알아낸 결론은 오피스텔도 주택 수에 포함된다는 사실이었다.

오피스텔은 취득 시, 양도 시, 그리고 사용 목적(주거용/상업용)에 따라 적용되는 법과 규정이 다르다는 것을 알았다. 청약 시에는 오피스텔은 주택 수에 포함되지 않으나, 양도 시에는 주택 수에 포함된다. 내가 철석같이 믿었던 '오피스텔은 주택 수에 포함되지 않는다'

는 말은 반은 맞고 반은 틀린 셈이었다.

아찔했다. 비과세 혜택을 받기 위해 첫 집을 매도하기로 했는데 이대로 매도를 진행했다가는 비과세는커녕 3주택 양도세 폭탄을 맞을 수도 있는 것이다.

오피스텔은 확실히 별세계였다. 카멜레온처럼 어느 때는 주택이었다가 어느 때는 주택이 아니란다. 누구는 오피스텔이 까다롭고 복잡해서 어렵다고 하고, 또 누구는 이 복잡한 규칙을 J처럼 투자에 활용하는 사람들도 있다.

헛웃음이 나왔다. 세무사에게 상담받지는 않더라도 검색 한 번이면 윤곽이 잡혔을 것을 왜 이런 시도조차 하지 않았던 것일까? 오피스텔이 20채나 되는 J의 말을 의심 없이 믿었던 탓이다. 과연 그의 말이 맞는지, 내 경우에도 해당하는지 확인해봤어야 했다.

부동산은 취득한 주택 수에 따라 부과되는 세금이 완전히 달라진다. 그뿐만 아니라 취득 시기와 순서, 보유 기간, 지역 및 매도 시기 등에 따라서 부과되는 세금과 계산법이 다르다. 그러므로 매도와 매수 전에 세금 문제를 확인하는 것이 필수이다.(J의 경우에는 맞고, 내 경우에는 틀릴 수 있는 것이 부동산 세금 법칙이다.)

남에게 좋은 부동산이 내게도 좋은지는 따져봐야 안 다. 사람마다 보유한 부동산 종류도, 취득 시기와 순서 도 다르므로 세금 계산 방법 또한 다를 수밖에 없다. 같 은 물건이라 하더라도 부과되는 세금에 따라 수익률은 차이가 난다.

다행히 아직 A 아파트 잔금 지급일 전까지 두 달의 시간이 남아 있었다. 그때까지 오피스텔을 매도하거나 새로운 방법을 찾으면 된다.

집의 소유권이 완전히 넘어가기 전에 알게 되어서 천만다행이었다. 만약 아무런 준비 없이 아파트 명의 를 넘겨버렸다면 어땠을까? 생각만 해도 아찔했다.

'자, 이제 문제를 파악했고, 이걸 해결하기 위해 내가 해야 할 일은 무엇일까? 무엇부터 알아봐야 할까?'

당황스러운 마음을 추스르고 질문을 던졌다. 애초 계획했던 비과세 혜택을 받기 위해 나는 무엇을 해야 할지, 누구를 만나서 어떤 일을 처리할 수 있는지 파악 하기 시작했다.

노트를 꺼내 질문을 떠올리고 질문에 대한 답을 차 분히 적어나갔다. 그리고 내게 묻고, 또 물었다.

'그다음, 또 그다음 절차는 뭐지?'

어떤 문제에 봉착했을 때 누구나 혼란스럽고 흔들리기 쉽다. 해결해야 할 문제가 산재해 있을 때는 더 그렇다. 이때 내게 가장 도움이 되었던 자세는 두 가지이다.

1. 지금 내가 해야 할 일에 집중하기

처음 목표를 떠올리고, 단계별로 해야 할 일을 찾는다. 꼬인 일을 다시 풀어내는 과정이다.

A아파트를 비과세로 매도하고, C부동산을 새로 매수, 2년 안에 B아파트도 '거주 없이' 비과세로 매도한다. 이 계획을 실행하는 데 걸림돌은 무엇인지, 어떻게 해결해야 할지 방법을 찾아야 했다.

2. 그럼에도 불구하고 감사한 일 찾기

만약 A 아파트 매도 계약을 하자마자 마음에 드는 집이 바로 나타났더라면 어찌 되었을까? 그 집을 추가 매수하기라도 했다면 상황은 지금보다 훨씬 더 복잡해졌을 것이다.

'다행이다. 마음에 드는 집이 바로 눈에 띄지 않아서…'

'다행이다. 지금이라도 알게 되어서….'

'다행이다. 나에게 해결할 시간이 두 달이나 주어져서….'

    감사하는 마음은 혼란을 잠재우고 현실을 직시할 수 있게 도와주는 특효약이다. 예전의 나였으면 복잡하게 얽혀버린 문제 앞에서 좌절했을 것이다. 무엇을 어떻게 해야 할지 몰라 안절부절못하며 오피스텔을 소개해준 J를 원망하고 자세히 알아보지 않은 나를 탓하느라 시간을 낭비했을 것이다.

    그런데 이번에는 그렇지 않았다. 일이 더 크고 복잡하게 확산되지 않았음에 감사했고, 지금 내가 해야 할 일들에 초점을 맞추고 하나하나 해결해가고 있었다. 새삼 나의 변화가 반갑고 대견하게 느껴졌다.

카멜레온 같은 오피스텔 세금 계산법

1. 양도소득세 신고 시

오피스텔은 주거용/업무용 으로 나뉘는데, 상시 주거용으로 사용하는 오피스텔은 주택으로 본다. '주택임대사업자' 등록 자체가 주택을 임대하는 것이기 때문에 양도 시, 주택에 해당한다. 하지만 '일반임대사업자'로 등록할 경우 업무용 오피스텔로 취급되기 때문에 주택 수에 포함되지 않는다.

2. 주택 청약 시

주택 청약 시 오피스텔은 주거용/업무용 구분 없이 무주택으로 간주된다.

※오피스텔의 주택 수 산정 여부는 취득 시, 양도 시, 청약 시 기준이 다르므로 명확히 이해하고 있어야 한다.

3. 임대사업자 등록 시 혜택

1) 오피스텔 최초 분양 시 환급 혜택
 –일반임대사업자: 부가세 환급
 –주택임대사업자: 취득세 감면(단 전용면적 60㎡ 이하 신규 분양)

2) 임대 소득세 감면 혜택
 주택임대사업자: 연간 1,333만 원까지 감면 혜택

3) 거주주택 비과세 혜택
 임대사업자(주택임대사업자 포함)가 실거주 주택 1채를 보유하다가 자신이 거주하고 있는 주택을 매도할 때는 거주주택 비과세 혜택을 받을 수 있다. 또 임대사업자가 2년 이상 거주한 실거주 주택 수가 하나일 경우(1가구 한시적 2주택 포함) 비과세 혜택을 회수 상관없이 받을 수 있었다. 하지만 2020년 1월 이후 거주주택 비과세 혜택도 평생 1회로 한정되었다.

J가 내게 추가로 오피스텔을 매입해도 비과세 혜택을 받는 데 지장이 없다고 한 것은 '거주주택 비과세 혜택'을 받을 수 있다는 뜻이었다.

- 2020년 7·10 대책으로 오피스텔 세금 계산은 더 복잡해졌다. 주택 수에 따라 취득세율이 달라지기 때문이다. 오피스텔은 몇 채를 사도 취득세 4.6% 동일 세율이 적용되지만, 아파트의 경우 주택 수에 따라 적용되는 취득세율이 달라진다. 이해를 돕기 위해 예를 들어보겠다.

  ex) ① 오피스텔 취득 시 취득세 4.6% 동일

  ② 오피스텔 + 아파트
    └ 보유 ┘ └신규취득┘

  아파트 신규 취득 시 2주택 취득세율 적용(조정 8%, 비조정 1~3%)

  ③ 아파트 + 오피스텔 + 오피스텔
    └   보유   ┘ └신규취득┘

  오피스텔 신규 취득 시 취득세는 4.6%로 동일하지만 종부세, 양도세 계산 시 3주택에 해당하는 세금이 부과된다.

- 2018년 9월 13일 이전에 취득한 오피스텔은 양도세, 종부세 합산 배제 대상이다.

  ※ 오피스텔의 세금 계산법은 개인의 상황에 따라 다를 수 있으니 꼼꼼하게 확인해야 한다.

공짜지만 가장 정확했던
국세청 신문고와 126 콜센터

문제를 해결하기 위해 가장 처음 내가 한 일은 국세청과 국토부 신문고에 민원을 넣은 것이다.

이곳이 주택 관련 정책을 관할하는 주체이기 때문에 누구보다 명확한 답변이 가능할 것이라는 판단이었다. 신문고 답변을 기다리는 동안 세 명의 부동산 전문 세무사와 통화하였는데, 셋의 답변이 모두 달랐다.

"제가 판단하기에 3주택으로 양도세 중과 대상이신데요. 아무래도 내방 후 상담해야 할 것 같습니다. 찾아봐야 할 자료도 많고 시간이 조금 걸리겠어요."

"8·2 부동산 대책 이전에 소유한 주택만 주택임대업자 등록했을 경우 주택 수에서 배제되는 것으로 알아요. 이 경우 오피스텔도 주택이라 비과세가 어려울 것으로 보이네요."

"포트폴리오를 상당히 어렵게 짜놓으셨네요. 이건 보통 상담이 아니에요. 고난도예요."(상담료가 비싸다는 뜻이다.)

세무사마다 각기 다른 답변을 내놓았다. 하지만 마

지막 멘트는 한결같았다.

"법이 하도 여러 번 바뀌어서 지금 말씀드린 것도 다시 확인해봐야 합니다."

한마디로 확신할 수 없다는 것이었다.

세금 정책이 몇 달 단위로 바뀌는 상황이라 소위 전문가라는 사람도 혼선을 빚고 있었다.

마지막 희망을 건 곳은 126 콜센터와 세무서였다. 관할 지역 세무서에 국세 납부 관련 상담을 해주는 곳이 있다. 상세한 세무 상담까지는 아니지만 간단한 질의 응답은 가능하다. 물론 비용은 무료이다.

신문고에 적었던 동일한 내용으로 상담을 했다. 유료 세무사들도 제대로 답변을 내놓지 못한 상태라 사실 큰 기대를 하지 않았다. 그런데 여기서 아주 명확하고 분명한 답변을 들을 수 있었다.

두루뭉술했던 세무사들의 답변과 다르게 분당세무서에서는 A와 B 아파트 그리고 C 오피스텔 사이에 어떤 규정이 적용되어 비과세 혜택을 받을 수 있는지 하나씩 차례대로 설명해주었다.

주거용 오피스텔은 주택임대사업자 등록과 상관없

이 양도세 계산 시, 주택 수에 포함된다.(부동산 사장님들과 J가 주장했던 오피스텔은 주택 수에 포함되지 않는다는 말은 틀렸다.) 그런데 내 경우, 거주주택 비과세 제도를 적용받아 비과세 혜택이 가능하다는 설명이었다. 그동안 불투명했던 상황이 거주주택 비과세 제도라는 단어의 등장으로 분명하고 확실해졌다.

분당세무서뿐만 아니라, 126 콜센터, 그리고 일주일 전에 올린 국세청 신문고에서 모두 동일한 답변을 들었다.

문제 해결을 위해서 일주일을 집중적으로 뛰어다닌 덕분에 모든 것이 명확해졌다. 이제 문제 해결을 위한 결정만 남았다.

계획을 수정할 것인가? 손해를 감수하고 오피스텔을 처분할 것인가? 다시 선택의 갈림길에 섰다.

주택임대사업자 승계하기

나는 단순한 것을 좋아한다. 억지로 끼워 맞추는 것을 좋아하지 않고 상황이 복잡하게 꼬이면 '이건 내 것이 아니구나' 하는 생각이 든다. 결국 나는 오피스텔을 매도하기로 했다. 산 지 석 달 만에 내린 결정이었다.

일주일 사이, 정말 많은 일을 처리했다. 새롭게 알게 된 사실도 많았다. 특히 이번 일로 오피스텔에 대해서 제대로 공부했다. 물론 처음 계획대로 오피스텔을 통해 수익 실현까지 맛보았다면 좋았겠지만, 그보다 훨씬 이전에 세웠던 목표인 오피스텔에 대해 제대로 배워보자는 목표 하나는 달성한 셈이었다.

상황이 일단락되자, 나를 도와준 부동산 사무실의 사장님이 떠올랐다. 사장님께 고맙다는 인사도 하고 오피스텔을 승계할 사람을 연결해달라는 부탁도 할 겸 전화를 걸었다.

"사장님 저예요."

"아, 혜은 씨. 어떻게 되었어요? 세무사는 뭐라고 하던가요? 국세청에서 답변이 왔어요?"

사장님의 목소리에서 진심이 묻어났다. 일주일의 시간 동안 알아낸 사실과 함께 변경된 계획까지 차례로 이야기했다.

"정말 수고하셨네요. B 아파트에 들어가지 않을 거면 오피스텔은 처분해야겠네요. 내가 절차는 알아둘게요. 그리고 오피스텔을 매수할 사람은 알아보셨나요?"

사장님은 내가 해야 할 말까지 척척 알아서 정리해 주었다. 나는 매수자를 찾아야 했다. 게다가 주택임대 사업자로 등록해두었기에 벌금(1,000만 원)을 물지 않기 위해서라도 이를 승계할 사람을 알아봐야 했다.

나는 최초 분양 시 할인받았던 85%의 취득세를 대신 내주는 조건을 달았다. 다행히 내가 보유한 오피스텔은 로열층에, 사람들이 가장 선호하는 평수여서 경쟁력이 있었다.

다행히 하루 만에 오피스텔 매수자를 찾을 수 있었다. 매력 있는 물건은 누구나 탐을 낸다. 하지만 아무리 좋은 물건도 상황에 따라 계륵이 될 수 있다는 것을 이번 일을 통해 배웠다.

나는 꽤 비싼 수업료를 지불했다. 최초 감면받았던 취득세와 주택임대사업자 승계 조건으로 달았던 취득세 대납까지 총 두 번의 취득세 비용을 내가 부담했다. 이 금액이 자그마치 2,000만 원에 달한다. 적은 금액이 아니라 다소 씁쓸했지만, 비과세 혜택을 받아 절세하는 세금은 억대이다. 그에 비하면 충분히 감수할 만한 금액이라 생각했다. 게다가 오피스텔의 복잡한 세금 계산법을 완벽히 마스터하지 않았는가?

무료 세무 상담 가능한 곳

−각 지역 관할 세무서의 국세 상담창구

−국세 상담센터(전화 상담 126, 인터넷 상담, 상담사례 검색 등이
가능하다.)
https://call.nts.go.kr

−국민신문고
https://www.epeople.go.kr

−국토교통부 민원마당
http://www.molit.go.kr/portal.do

준비 없이
인생을 건 대가

인생을 걸었던 바이오 주

어느 날부터인가 남편이 불쑥 돈 봉투를 건넸다. 적게는 몇십만 원, 많게는 몇백만 원씩 보너스 달이 아닌데도 주기적으로 내 통장에 돈이 입금되었다. 남편은 이런 사람이다. 딴 주머니를 차지 못하는 사람이다. 나는 그런 그를 5년이나 속였다.

"웬 돈이야?"

"요즘 주식 하는데 대박이야. 조금만 기다려 내가 '돈 방석'에 앉게 해줄게."

남편은 확신에 차 있었다. 자신감이 보였다. '돈방석에 앉게 해줄게'라는 그의 말이 메아리가 되어 내 귓가를 맴돌았다. 그렇게 몇 달 동안 남편이 산 주식은 고공행진을 했다.

"여보, 우리 여기에 인생 한번 걸어보지 않을래?"

남편이 내게 물었다.

"이거 적어도 열 배는 오를 것 같아."

그 주식과 관련한 뉴스를 찾아보니 각종 호재가 가득했다. 곧 임상시험을 완료하고 미국 특허출원도 앞두고 있다고 했다. 앞으로 더 오르면 올랐지 떨어질 이유가 없어 보였다.

나는 남편의 말대로 '돈방석'에 앉는 모습을 상상해 보았다. 흐뭇한 미소가 절로 지어졌다. 마음은 이미 목표한 금액을 달성하고도 남았다.

남편이 주식투자에 인생을 걸어보자고 했던 때는 지금처럼 주식이 호황인 시절도 아니었다. 2017년 봄부터 남편은 주식 공부를 열심히 했다. 나름 정보도 모으고 유료 강의도 들으며 조금씩 쌈짓돈을 키우고 있었다. 그러다 한 종목을 발굴했는데, 수익도 높았고, 무엇보다 이 주식에 대해 알면 알수록 돈이 될 정보가 계속

눈에 보였다고 한다. 남편은 더 많은 돈을 굴리고 싶어
했다. 남편은 이 주식으로 벼락부자의 꿈을 키웠다.

마침 우리에게는 목돈이 있었다. 엄마에게 받았던
'그 돈'. 남편에게 비밀로 했지만 5년 만에 들통나버린
'그 돈'이 내게 있었다.

2014년에 우리는 첫 집을 장만했고, 부동산에 눈을
뜨기 시작했다. 경험이 생기자 새로운 것들이 보이기
시작했다. 처음으로 내가 가진 돈으로 할 수 있는 것들
에 대해 생각하기 시작했다.

돈의 방향이 정해지니 목표도 자연스레 따라왔다.
생각이 달라지자 행동도 변했다. 내 돈을 지킬 방법을
몰라 은행에 의지한 채 마이너스 수익률을 기록해도
속수무책이었던 내가 달라졌다. 2016년에 아파트를 한
채 더 샀다. 그래도 돈이 남았다.

'이 돈으로 무엇을 할까?'

'집을 넓혀 갈까? 다른 부동산을 하나 더 살까?'

결단을 내리지 못하고 내 행동은 스톱 상태였다. 내
가 행동을 멈추자 내 돈도 흐름을 잃고 같이 멈추었다.
목적을 찾지 못한 돈은 또다시 방황하고 있었다. 그러

던 차에 남편이 주식에 투자하자는 제안을 한 것이다.

"우리, 인생 한번 걸어보지 않을래?"

남편의 한 마디에 목적을 잃고 방황하는 '그 돈'이 떠올랐다.

"그래, 이 돈으로 인생을 바꿔보자."

이 말을 할 때 내 가슴이 뛰었다. 우리 부부는 일사천리로 움직였다. 통장의 돈을 몽땅 찾아 추가로 주식을 매수했다. 심지어 비상금까지 끌어모았다. 모든 금액을 합하니 2억 원이 조금 넘는 돈이 나왔다.

2억 원이 20억 원이 되는 상상을 하며 우리가 가진 현금을 탈탈 털어 주식에 넣었다. 이후로도 주식은 계속 올랐다. 워낙 저점에서 산 데다 투자금이 많으니 수익금이 쭉쭉 늘어났다. 하루에도 몇천만 원씩 수익이 났다. 이대로만 가면 정말 남편이 말하는 열 배 수익도 가능할 것 같았다.

손가락 하나 까닥 안 하고 매일 돈을 벌고 있는 느낌이었다. 새로운 날이 찾아올 때마다 돈은 어제보다 더 많이 불어나 있었다. 신기했다. 주식은 연일 상한가를 치고 앞으로 달려 나갔다. 신혼 무렵 이후 최고로 '달달한' 부부 사이가 연출되었다. 집 안에 웃음이 끊이지 않았고 매일 저녁 불어난 돈으로 무엇을 할지 이야기를 나누느라 정신이 없었다. 마치 구름 위를 걷는 기분이었다. 발이 땅에 닿지 않는 느낌, 붕 뜬 마음, 우리는 이 위험한 스릴을 즐기고 있었다.

온 세상이 아름다워 보이고, 모든 것을 다 이룰 수 있을 것 같은 착각이 들었다. 마약을 한다면 이런 느낌일까? 우리가 넣은 돈은 눈 깜작할 사이에 두 배로 불어났다.

"여보, 이제 딱 원금만 되찾자. 그러면 앞으로 주식이 어떻게 되든 상관 안 할게."

주식평가액이 원금의 두 배가 된 날 나는 남편에게 말했다. 하지만 남편은 내 말을 듣지 않았다.

"이거 앞으로도 계속 갈 거야. 이제 곧 임상실험 결과가 나오는데, 지금은 뺄 때가 아니야. 당신도 알겠지만, 투자금액이 많으면 많을수록 돈이 빨리 불어나. 이제 두 배의 금액으로 돈을 굴릴 수 있게 되었으니, 우리가 목표한 10억 원을 더 빨리 달성할 거야."

남편은 원금을 되찾지 않았다.

몸을 불린 돈은 작은 상승률에도 쭉쭉 올라갔다. 돈이라는 것은 참 희한하다. 임계치를 넘으면 작은 바람에도 탄력을 받는다. 몸을 불리고 파워가 세진 돈은 약간의 힘만 주어도 이전보다 더 높이, 더 멀리 뛰었다.

우리는 눈덩이처럼 불어나는 숫자에 정신이 혼미해졌다. 자고 일어나면 불어나는 동그라미에 우리의 이성은 마비되었다.

그러던 어느 날, 우리에게 주식에 관해 정보를 준 사람이 그 주식을 팔고 단체톡방을 나갔다고 했다. 남편은 그 사람을 의리 없는 사람이라고 했다. 자기 욕심만 챙기는 나쁜 사람이라고 했다.

이것이 시그널이었다. 정보를 던진 사람이 이익 실현을 했을 때, 우리도 욕심을 멈추고 나왔어야 했다.

그 사람이 주식을 매도하고 며칠 후부터 우리가 투자한 주식은 계속 내리막길을 달렸다. 몸집이 커진 돈은 오를 때는 눈 깜짝할 사이에 엄청나게 불어나지만, 내려갈 때도 무서울 정도로 빠르게 줄어든다. 우리는 이 사실을 간과했다.

어느새 원금만 건질 수 있는 상황까지 왔다. 아무리 아까워도, 원금은 건졌어야 했다. 우리에게는 분명 '잃지 않는 선택'을 할 기회가 있었다. 하지만 우리는 이 기회마저도 날려버렸다.

'이게 얼마까지 갔던 주식인데……'

결국 최고점을 찍었던 '과거'에 사로잡혀 '손절'하지 못했다.

주식 투자를 하는 사람들이 가장 흔히 하는 실수 중 하나가 주식과 사랑에 빠지는 일이라고 한다.

'이 주식은 절대 떨어지지 않아. 잘못될 리 없어.'

이런 믿음을 품고 있으면 이성이 마비된다. 당시 남편 또한 어떠한 자료도 객관적으로 읽어내지 못해서 돈을 지킬 수 없었다.

처음으로 경험한 통장 잔고 0원

불과 몇 달만에 투자금이 두 배로 불어나는 마법을 보았다. 욕심이 생겼다. 조금만 더, 몇 포인트만 더 상승하면 '투자금이 몇 배가 될 것'이라는 근거 없는 망상에 사로잡혔다.

마음만 먹었더라면 수익을 실현할 수 있었고, 마음만 먹었더라면 손실을 최소화할 수 있었다. 하지만 우리는 어떤 결단도 내리지 못한 채 한없이 꼬꾸라지는 주가를 맥없이 바라보기만 했다.

결국 주식은 하향곡선을 그리다가 유상증자에 들어갔다. 우리가 겪은 유상증자는 호재가 아니라 악재였다.

- 6,000원에 사서 1만 5,000원까지 상승
- 9,000원대에 추가 매입
- 8,000~1만 2,000원 사이에서 출렁이던 주식은 유상증자 후 2,000원대의 가격으로 거래되었다.

이 사건으로 평균 잔고가 억대를 유지하던 내 통장에 최초로 0원이라는 금액이 찍혔다. 통장이 비자 내 마음도 텅 비어버린 것 같은 기분이 들었다. 남편 얼굴만 봐도 짜증이 났다.

'그때 내 말만 들었더라도……'

원금만이라도 되찾자는 내 말을 무시한 남편이 미웠다.

주식에 '올인'하기 전에 점찍어 둔 집의 시세가 오르면 남편을 들볶았다. 집값은 꼭 우리가 잃어버린 2억 원만큼 올라 있었다. 주식이 올라갈 때 나는 "여봉봉, 우리 여기에 인생 걸기 참 잘했다 그치?" 하며 코맹맹이 소리를 내며 애교를 떨어놓고, 주식이 어그러지니 남편 탓만 했다.

잊을 만하면 주식으로 잃었던 2억 원이 자꾸 등장했다. 가령 마음에 드는 집이나 투자하고 싶은 물건이 나타났는데 모자란 금액이 딱 2억 원이었다. 2억 원만 보태면 원하는 지역의 물건을 살 수 있는데 2억 원이 모자라 사지 못했다. 예전에 봐둔 집이 시세가 올라 2억 원만큼의 시세차익이 발생했다거나 하는 식으로 2억 원은 줄곧 나를 따라다니며 괴롭혔다. 물론 내 머리와 마음속에서.

'주식으로 날린 2억 원만 있었더라면……'

2억 원이라는 숫자가 등장할 때마다 나는 남편을 원망했다. 하지만 이제는 알고 있다. 그 모든 것은 나도 함께 결정한 결과이다.

나는 이 일을 통해 다시 한번 깨달았다. 내가 주인이 되는 투자를 하지 못하면 그 대가를 치러야 한다. 다른 사람의 말만 듣고 엉뚱한 인생을 걸면 내 인생이 날아간다. '한방'을 노리다가 '한방'에 훅 갈 수 있다는 사실을 명심해야 한다.

유상증자 호재일까? 악재일까?

내가 겪은 유상증자는 악재였지만 모든 유상증자가 악재는 아니다. 혹시라도 오해하는 독자가 생길 것 같아 노파심에 몇 줄 더 적어본다.

유상증자란 기업이 돈을 받고 주식을 주는 것을 말한다. 어떤 이유에서든 돈이 필요한 기업들이 선택하는 방법이다.

유상증자는 다시 세 가지로 분류할 수 있는데 ① 주주배정 ② 일반 공모 ③ 제3자 배정으로 나눌 수 있다.

주주배정은 주주들만 참여할 수 있는 증자 방식이고, 일반 공모는 제한 없이 모든 투자가가 참여할 수 있는 방식이다. 제3자 배정은 제3자가 참여하는 방식인데, 이때 제3자가 투자에 참여한다는 것은 곧 '돈'이 된다는 뜻이다.

보통 3자 배정이 호재로 작용하는 경우가 많고, 일반 공모나 주주배정의 경우 악재가 많다. 증자는 앞에서도 언급했다시피 주식의 수가 증가하는 것을 말한다. 시가 총액은 그대로인데 상장 주식 수만 늘어나 단기적으로 주가가 하락하고, 늘어난 주식 수만큼 배당금도 줄어들게 된다. 보통 증자는 악재로 작용하지만 모든 유상증자가 악재는 아니다.

악재인지 아닌지 구분하는 방법 중에, 유상증자의 목적이 무엇인지 살펴보는 것도 도움이 된다. 즉 돈을 충당하는 이유가 무엇인지를 알아보는 것이다.

증자의 이유가 시설에 대한 투자일 경우 증자는 호재로 통한다. '될 만한 사업'이니 시설 투자를 할 것이 아닌가?

우리가 주의해야 할 것은 운영자금의 조달 혹은 채무 상환을 위한 증자이다. 이 경우는 대부분 악재로 작용하기 때문이다. 회사가 돈을 조달하는 데 어려움을 겪고 있다면 회사의 미래가 어떻겠는가? 이럴 땐 보유한 주식을 던지고 나와야 한다.

혼자 웃지 못했던 2020년 주식시장

2020년은 참으로 다이내믹한 한 해였다. 2019년 겨울 중국에서 시작된 코로나가 전 세계를 휩쓸었다. 팬데믹 위기에 경제는 얼어붙었다. 2020년 겨울은 유독 춥고 눈도 많이 왔다. 하지만 맹추위에도 불구하고 주식과 부동산 시장은 어느 해보다 뜨거웠던 것으로 기억한다.

특히 주식시장은 롤러코스터를 탔다. 3월 코스피는 1,439pt까지 떨어지며 9일 만에 500p가 넘는 폭락 폭을 보였다. 하지만 위기가 길어지면 공포 속에서도 길을 찾는 것이 시장인가 보다. 누구도 예상하지 못했던 코로나 위기 속에 끝도 없이 추락할 것만 같았던 주가도 어느새 방향과 중심을 잡아갔다.

위기는 또 다른 기회라고 했던가? 그동안 살아보지 못한 완전히 새로운 세상에 시장은 적응해나가며 새로운 국면을 연출했다. 2020년 12월 코스피는 2,873pt를 돌파하고, 이듬해 1월 급기야 3,200선을 기록하며 유례없는 호황을 맞았다.

주변에 주식으로 돈을 번 사람들의 이야기가 심심치 않게 들려왔다. 이번에 얻은 수익금으로 차를 바꿨다더라, 여행을 다녀왔다더라, 집 판 돈을 주식으로 굴렸더니 부동산으로 얻은 수익금보다 훨씬 낫더라, 눈만 뜨면 불어나 있는 통장 잔고에 돈 벌기가 세상 가장 쉬운 일 같더라 등 너도나도 주식으로 불어난 호주머니를 자랑하기 바빴다.

하지만 함박웃음을 짓는 사람들 무리에 나는 끼지 못했다. 2017년 인생을 걸었던 주식 투자에 실패한 이후, '주식은 나와 맞지 않는다'는 선입견이 생겼다. 나와 궁합이 맞지 않는 주식은 아예 관심 두지 않는 것이 상책이라 여겼다. 사람마다 잘 맞는 투자법이 따로 있다고 생각했다.

많은 사람이 첫 투자 실패로 트라우마를 갖게 된다. 실패의 크기가 클수록 충격에서 벗어나기는 쉽지 않다. 그래서 주식이든 부동산이든 첫 투자의 성공이 중요하다.

하지만 '나는 이것과 맞지 않아'라고 단정 짓는 태도는 앞으로 다가올 수많은 기회를 모두 포기하겠다는 뜻과 같다. 나는 앞으로 지속해서 주식 공부와 실전 투자 경험을 쌓아가려 한다. 주식 공부하는 모임에도 참여하고 있고, 관련 책과 유튜브 방송도 틈나는 대로 듣고 있다. 내가 아는 것만큼 세상과 소통할 수 있다고 믿는다. '주식은 내게 맞지 않는 투자법'라는 꼬리표를 과감히 떼어버리고 싶다.

4장

나답게
세상과 관계 맺기
(보통 사람들의
'단순한' 투자법)

보이지 않는 가치를
보는 눈

결국 원리는 똑같다

내 지인 중에 오랫동안 장사를 해온 Y가 있다. 그의 부모님도 여러 해 동안 장사를 했고 Y도 감자탕집, 설렁탕집 같은 요식업을 하다가 지금은 세 개의 정육점을 운영하고 있다.

"개인사업 하는 거 어렵지 않아요?"

내 질문에 Y는 이렇게 대답했다.

"어떤 장사든 원리는 같아요. 대상이 달라질 뿐이지, 물건을 팔고 손님을 끌고 돈을 버는 방법은 모두 똑같아요."

그가 해준 이 말은 몇 년이 지나도록 잊히지 않는다.

나는 그의 말에 100% 동감한다. 나는 세상이 돌아가는 일정한 법칙과 룰이 있다고 믿는다. 어떤 경험을 통해 일이 되어가는 원리를 제대로 깨우친다면, 그 일이 아닌 다른 일을 할 때도, 그리고 인생을 살아갈 때도 유용하게 활용할 수 있다.

나는 이런 원리를 '돈 공부'를 통해 깨달았다. 그 시작은 '내 집'을 산 것이다. 내가 집을 사기로 결심하고 행동을 취하기까지의 과정은 돈의 가치와 돈이 움직이는 원리를 깨닫게 된 과정이었다.

새로운 경험이 생기니, 다른 사람들이 집을 통해 기회를 잡고 돈을 불리는 과정들이 보였다.

'저 사람은 저렇게 기회를 잡았구나.'

'이 사람은 저런 가치를 중요하게 생각하는구나.'

이런 것들이 눈에 들어왔다.

4장에서는 나와 지인들이 내 집 마련 과정을 통해 배운 '일이 되게 만드는 법칙'을 소개한다. 이 장을 통해 자신이 무엇을 원하고 어떤 것을 좋아하는지, 중요하게 여기는 가치는 무엇인지 생각해보는 기회를 가지면 좋겠다.

오래된 아파트 뭐가 좋을까?

많은 사람이 눈에 보이는 것을 전부라고 생각한다. 하지만 진정한 가치는 잘 보이지 않는 경우가 많다. 사람들 중에서도 얼핏 보기엔 별로인데 자세히 볼수록 매력 있는 사람이 있다. 오래된 아파트가 내게는 그렇다.

목동 아파트는 1980년대 후반에, 분당 아파트는 1990년대 중반에 지어진 것이 대부분이다. 요즘 짓는 아파트와 비교하면 모든 것이 부족해 보인다. 주차장과 놀이터는 낙후되었고, 보안시설과 설비도 신축 아파트와는 비교가 안 된다. 커뮤니티 시설도 전혀 없다.

집 안을 들여다보면 더 놀란다. 30~40년 나이를 먹은 아파트는 집을 거쳐 간 사람들의 흔적과 세월을 고스란히 품고 있다.

이 지역 아파트들은 '올수리' 표시가 붙은 집도 사실

우리가 생각하는 '올수리'가 아니다. '최신 특올수리' 정도는 되어야 손대지 않고 들어가 살 만한 집이다. 그런데 그런 집은 흔치 않다.

대문을 열고 들어설 때부터 '아, 내가 이런 집을 굳이 사야 해?'라고 생각할지도 모른다. 낡아빠진 벽지와 오래된 장판, 입주 초기 설치한 것 그대로인 알루미늄 샤시 같은 것만 눈에 들어올지 모른다. 나도 그랬다. 하지만 그렇게 눈에 보이는 것 대부분은 바꿀 수 있는 것들이다. 오래된 아파트는 내부 수리를 통해 완전히 다른 집이 될 수 있다. 오히려 수리 안 된 집을 낮은 가격에 사서 취향에 맞게 고치는 것도 좋은 방법이다.

나는 오래된 아파트를 좋아한다. 내가 생각하는 오래된 아파트의 장점은 이런 것이다.

오래된 아파트에는 신축 아파트에는 거의 없는 모래 놀이터가 있다. 나는 모래 놀이터가 좋다. 모래는 아이들에게 안정감을 준다.

지금은 코로나 상황이라 잠시 할 수 없게 되었지만, 우리가 살던 아파트에서는 날씨가 좋으면 경비 아저씨들이 수도꼭지를 연결한 커다란 고무 대야에 물을 가득 채워 놀이터에 놓아두셨다. 마치 요즘 캠핑족 사이에서 유명한 S사 워터저그의 대형 버전 같은 느낌이다. 그곳에서 아이들은 온종일 모래성도 쌓고, 물장난도 치면서 실컷 뛰어놀았다.

또 오래된 아파트에는 나이 먹은 나무들이 단지 안을 마치 숲처럼 에워싸고 있다. 한여름에는 단지 곳곳에서 매미 허물을 볼 수 있다. 나는 이런 오래된 풍경 속에서 늘 편안함을 느꼈다.

오래된 아파트의 결정적인 매력은 재건축 가능성에 있다. 나는 이런 아파트들이 재건축 정책의 영향을 받으면 어떻게 가격이 움직이는지를 실제로 경험했다.

앞에서도 언급하였지만, 2014년 발표된 재건축 연한 축소 정책으로 인해 대지지분이 높은 목동신시가지 아파트와 내가 살고 있는 분당 아파트가 가파르게 상승세를 타는 것을 겪었다.

당시 매수 심리가 모이며 당장이라도 재건축이 승인될 것 같은 분위기가 만들어졌고 아무리 작은 이슈도 연관성이 보이면 모두 가격 상승의 요인이 되었다.

사람들이 살고 싶은 집은 한정되어 있고, 더구나 주택 공급이 부족한 요즘, 새 집이 될 가능성이 높은 구축 아파트는 시간이 지날수록 가치가 더 커질 것이다.

아이가 학교에 들어가면 거주지를 옮기는 것이 쉽지 않다. 특별한 경우를 제외하고 학업이 끝날 때까지 한 지역에 정착할 확률이 높다.

세월을 낚아야 하는 것이 재건축이다. 아이를 키우며 자연스레 기다림의 시간이 채워진다. 안정된 학군과 인프라가 갖춰진 구축 아파트는 학령기 자녀를 둔 30~40대에게 꽤 괜찮은 전략이 아닐까 싶다.

눈에 보이지 않는 가치를 알아본 신혼부부

돈을 버는 사람들은 눈에 보이는 않는 가치를 제대로 볼 줄 아는 사람이다. 내 주변에도 그런 사람이 있었다. 내가 20대일 때 대학 선배의 집들이에 초대받은 적이 있었는데 그녀의 신혼집은 서울 변두리에 있는 낡은 아파트였다. '왜 이런 곳에, 이렇게나 낡은 집을 샀을까?' 하는 의문이 들었다.

금방이라도 무너질 것 같은 겉모습과 다르게, 집 내부는 '새 집' 같았다. 인테리어 관련 일을 하는 선배의 솜씨리라. 예쁘고 감각 있게 꾸민 집이었지만 나는 선배가 부럽지 않았다. 오히려 낡고 허름한 아파트를 살 수밖에 없었던 선배의 형편이 딱해 보였다.

과거의 나는 '오래되고 낡은 집=가치가 없는 집=싼 집'이라고 생각했다. 선배가 낡은 집을 산 이유를 예산이 부족한 신혼부부의 어쩔 수 없는 선택이었을 거라고 내 멋대로 해석했다. 눈에 보이는 것이 전부라고 믿었던 내 눈에는 선배의 신혼집이 초라해 보였다.

하지만 선배는 내가 보지 못한 것들을 보고 있었다. 머지않아 선배의 아파트는 재건축이 되었고, 집값은 몇 배로 뛰었다. 선배는 이 집을 토대로 입지 좋은 곳으로 이사했다. 그녀가 신혼 시절 낡고 허름한 아파트를 견딘 덕분에 더욱 좋은 환경에서 아이를 키울 수 있게 되었다.

30대 초반의 신혼부부가 겉으로 드러나는 화려함과 편리함 대신 낡고 볼품없는 아파트의 눈에 보이지 않는 가치를 알아봤다는 것이 참 대단하다.

무엇이 돈이 되는지 뻔히 알면서도 포기하지 못하는 것들이 있다. 편리함, 사람들의 시선, 허영심 같은 것들

때문에 돈이 되는 기회를 놓치는 경우가 허다하다.

대게 돈을 버는 사람들은 불편함을 감수하고 '돈이 되는 쪽'을 택한다. 하지만 돈이 없다고 늘 툴툴대는 사람들을 보면 조금의 불편함도 감수하지 않은 채 편리함만 찾는 경우를 많이 보았다.

돈 때문에 곤란을 겪고 있는 사람이라면, 한 번쯤 고민해 봐야 할 문제다. 지금 자신이 추구하는 가치들이 부자를 만들어줄 가치인지 질문해야 한다.

그동안 자신이 했던 수많은 선택이 단지 편리함만 추구한 결과는 아닌지, 겉보기에 화려하고 좋은 것만 찾고 있지는 않았는지 점검해보길 바란다.

자신이 돈과 바꾼 가치가 무엇인지 진지하게 생각해 봤으면 한다.

보통 사람들의
내 집 마련법

지금이라도 '결단'하기

'좀 더 일찍 부동산에 눈을 떴다면 좋았을 텐데.'

사실 과거를 돌아봤을 때, 후회되는 일도 많다. 서른을 갓 넘은 나이에 6억 원이라는 거액을 손에 쥐고도 방법을 몰라 허송세월했던 시절을 생각하면 무척 아쉽다. 욕심이 앞서 큰 수익을 낼 수 있는 기회를 모두 놓치고 오히려 2억 원을 손해 본 주식 투자의 실패도 뼈아프다. 1가구 2주택 비과세 혜택을 받아야 한다는 고정관념에 사로잡혀 주택을 늘리지 못하고 발목 잡힌

세월도 길었다. 모두 내가 가진 생각의 한계를 뛰어넘지 못한 결과이다.

이렇게 후회할 일을 찾다 보면 끝이 없다. 하지만 내 결론은 언제나 같았다.

'그래도 그때 행동으로 옮겨서 다행이다.'

'그때 내 집을 산 건 정말 잘한 결정이다.'

내가 늘 다짐하는 것이 있다. 아빠가 잃어버린 돈에 집착해서 건강을 잃었던 것을 나는 절대로 반복하지 않겠다는 것이다.

때로는 단순하고 가벼운 태도가 필요하다. 특히 돈을 대할 때는 너무 심각하게 생각하면 안 된다. 신중한 것과 심각한 것은 다르다. 대개 문제를 복잡하게 만드는 것은 상황이 아니라, 자기 자신이다.

이것저것 따지지 말고 딱 하나만

부동산은 나처럼 단순한 것을 좋아하는 사람들에게 딱 맞는 투자법이다. 너무 많이 고르고 조건을 까다롭게 생각하면 집을 사기 어려워진다. 선택을 내리기 위해서는 조건을 간단하고 심플하게 정해야 한다.

학군을 따지고, 아파트 연식을 따지고, 주위 환경을 따지고, 집 구조를 따지고, 분양가를 따지고, 교통을 따지다 보면 집을 사는 데 고려해야 할 것들이 너무 많다.

하지만 돈이 아주 많지 않은 이상 이 모든 조건을 충족하는 집을 살 수 있는 사람은 거의 없다. 이 중에서 내가 정말 포기할 수 없는 몇 가지를 간추리는 연습이 필요하다. 조건이 단순해지면 선택이 쉬워진다. 선택할 수 있어야 행동할 수 있다.

최근 내 대학 친구가 분당 대장동의 한 아파트를 분양받아 입주했다. 2018년 12월에 대형 건설사에서 분양한 이 아파트는 400세대쯤 되는 중소형 단지이다. 아파트 인근에는 다른 대형 건설사의 아파트들이 줄줄이 분양을 앞두고 있어, 시간이 지나면 꽤 큰 아파트촌이 형성될 것이다. '판교'의 지명을 함께 공유하는 곳인 만큼 향후 발전성도 꽤 큰 지역임은 틀림없다고 생각한다.

하지만 이곳 분양 당시 말들이 꽤 많았다. 고분양가다, 인프라가 구축되려면 한참 멀었다, 고압선이 사방을 둘러싸고 있다(일부 아파트에서는 문제가 되기도 했

다) 등등. 이런저런 이유로 분양을 포기한 이들이 주변에 꽤 많았다.

친구가 분양받은 아파트는 평당 2,000만 원이었다. 분양 당시 그 가격은 분당의 구축 아파트와 비슷하거나 조금 낮은 수준이었다. 인프라 대비 고분양가라고 판단한 사람들은 등을 돌렸고, 또 누구는 학군 때문에 등을 돌렸다. 최종 경쟁률은 '4.5 대 1'. 해볼 만한 게임이었다.

2021년에 입주가 시작되고 전세가는 분양가를 웃돌고 있다. 이미 프리미엄은 두 배가 넘은 것으로 추정된다.

친구는 단지 새 집에 살고 싶어서 청약에 넣었고, 높지 않은 경쟁률 덕분에 비교적 수월하게 분양권을 손에 넣을 수 있었다. 친구의 '원씽'은 '새 집'이었던 것이다. 새 집을 얻기 위해 학군을 포기하고 인프라를 포기했다. 하지만 그 덕분에 그녀가 원했던 신축 아파트에서 살게 되었고, 덤으로 시세상승까지 얻게 되었다.

내가 원하는 모든 조건을 충족하는 바로 '그것'을 얻기란 여간 힘든 일이 아니다. 어떤 선택을 할 때 선택의 옵션이 너무 많으면 결정하기가 힘들다. 기회를 잡기 위해서는 자기가 원하는 '단 하나'에 집중해야 한다. 그래야 그 하나라도 얻을 확률이 높아진다.

운이 없어서 기회를 잡지 못한다고 생각하는 사람들은 생각해보아야 한다. 내가 너무 많은 조건을 내걸고 있는 것은 아닌가?, 내가 가진 것보다 더 큰 욕심을 부리고 있는 것은 아닌가?

당신은 운이 없는 것이 아니라, 자신이 절대로 포기할 수 없는 가치가 무엇인지를 제대로 알지 못하고 있을 뿐이다.

다자녀 특공에 당첨된 그녀
: 꿈이 있으면 이루어진다

내가 부동산에 관심을 두기 시작할 무렵 내 주변의 지인들도 부동산에 열성적이었다. 주로 만나는 이들이 큰 아이 어린이집 엄마들이었는데, 그들과 만나면 부동산 이야기가 빠지지 않고 등장했다. 오늘의 부동산 뉴스부터 최근 분양하는 단지, 관심 있게 보고 있는 아파트에 대한 정보들이 매일매일 쏟아졌다.

당시 우리가 잡담처럼 나누었던 이야기를 실천에 옮긴 사람들은 대부분 좋은 성과를 얻었다. 그중 가장 인상 깊었던 사람이 S다.

나는 2016년에 둘째를 출산했는데, 내 주변의 많은 엄마가 2016년생 아이를 낳았다. 자연스럽게 2013년생인 첫째와 2016년생인 둘째를 가진 엄마들의 모임이 만들어졌다. 그중에서 S만 세 아이의 엄마였다. 12년, 13년, 16년생인 딸, 아들, 딸의 엄마인 그녀는 휴직 중인 간호사였다.

아이들을 등원시키고 우리는 대개 커피숍이 아닌 집에서 만났다. 아이들이 어려서 집이 더 편했다. 우리는 돌아가며 서로의 집에서 모였는데, 그래서인지 짧은 시간에 더 가까워졌다.

집은 안주인의 성격을 보여준다. 반듯반듯한 살림, 손수 만든 간식과 반찬들을 보며 나는 S의 부지런함을 읽었다.

그녀는 돌도 안 된 셋째를 안고 대학병원 연구실에 채혈 아르바이트를 하러 다닌다고 했다. 일도 간단하고 아이도 순해서 어렵지 않은데, 무엇보다 한 번 갈 때마다 주어지는 보수가 두둑해서 계속 다닌다고 했다.

"집에서 놀면 뭐 해요? 잠깐 일하면 아이들 옷이랑 간식 값 정도는 벌 수 있어요."

그녀가 웃으며 말했다. 그녀는 솔직하고 담대한 사람이었다. 그녀가 했던 말 중에 가장 기억에 남는 말이 있다.

"저는 꿈이 있으면 노트에 적었어요. 그리고 지금까지 제가 적은 꿈은 다 이루었어요. 성호 아빠가 제 이상형이에요. 전 꿈에 그리던 남자와 결혼했어요."

'적기만 하면 이루어진다고?'

책에도 흔히 나오는 말이지만 직접 실천해본 적은 없었다. 또 그때까지 무언가 간절히 원하고 바랐던 적이 별로 없었던 나로서는 그녀의 이야기가 무척 신선하게 다가왔다. 그녀가 어린 셋째를 데리고 채혈 아르바이트를 다닐 수 있었던 것도 어쩌면 그녀가 노트에 적었다던 꿈 때문일지도 모르겠다.

기회를 잡기 위한 대범한 선택

어느 날 S가 특유의 밝은 미소를 지으며 놀이터에 나타났다.

"언니, 우리 집 팔렸어요. 집값이 많이 올라서 빚 1억 원도 모두 갚았어요."

"와! 잘됐다. 축하해."

놀이터에 모여 있던 우리는 모두 진심으로 축하해주었다.

"그다음 계획은 뭔데?"

나는 눈을 반짝이며 그녀의 답변을 기다렸다.

"다자녀 특공으로 청약을 받을 거예요."

그 자리에 모인 사람 중에서 다자녀 특공이 가능한 사람은 S뿐이었다. 우리에게는 해당사항이 없었지만 모두 귀를 쫑긋 세우고 그녀의 이야기에 집중했다.

"당분간 전세로 살면서 무주택 자격으로 다자녀 특공에 넣어보려고요."

그녀는 셋째가 태어나면서 다자녀 특공의 기회를 얻었다. 비록 신혼 초에 샀던 집 때문에 높은 가점은 아니었지만, 그녀는 이 기회를 적극적으로 활용해 보기로 결심한 것이다.

꽤 대범하고 용기 있는 선택이었다. 그녀가 집을 팔았을 무렵 집값은 연일 고공행진 중이었다. 내 눈에도, 다른 엄마들의 눈에도 매일 오르는 시세가 눈에 들어왔다. 자꾸만 갱신되는 최고가를 보면서 그녀는 어떤 생각을 했을까?

S의 입장이 되어 생각해본다.

셋째가 태어났다. 다자녀 특공으로 청약을 넣을 자격이 생겼다. 하지만 조건이 있다. 내가 가진 집을 팔아야 한다. 자꾸만 갱신되는 최고가를 보면서 마음이 흔들린다. 될지 안 될지 모르는 청약에 올인할 것인가? 좁더라도 지금 사는 집에 만족할 것인가? 어떤 선택이 최선일까?

S는 무엇이 최선일지 자신에게 묻고 또 물었을 것이다. 결국 그녀는 집을 팔았고, 무주택자가 되었다. 그녀는 어린 셋째와 함께 채혈 아르바이트를 다니며 자신의 꿈을 되새겼을 것이다. 좀 더 넓은 새 집에서 아이도 키우고 자산도 키우겠다는 소망을 그녀는 자신의 '꿈 노트'에 적지 않았을까?

자신의 상황을 정확히 진단할 줄 아는 눈

2017년도는 재건축 아파트들이 새 아파트가 되어 속속 입주가 시작된 시기였고, 유명한 부동산 커뮤티니에서는 고래힐(고덕 래미안 힐스테이트), 고덕 그라시움 등 신규 아파트 단지의 이름이 자주 거론되었다. 그야말로 '신축 전성시대'의 서막이었다.

"언니, 이번에 고덕지구에 분양하는 아파트가 있는데, 오늘이 서류 마감일이에요. 서류도 다 준비했는데 남편은 넣지 말라고 하네요. 어떻게 할까요?"

당시 나는 S와 함께 문화센터에서 수업을 듣고 있었다. 수업이 끝난 후 점심은 어찌할 것이냐는 나의 말에 그녀는 점심 메뉴 대신 고민을 털어놓았다.

"오늘이 마지막 날이구나. 근데 남편이 반대하는 이유가 뭐야?"

"남편은 지금 넣으려는 곳이 고덕 아파트 중에서 가장 입지가 떨어진다고 생각해요. 평생 한 번 쓸 수 있는 특공 기회인데, 여기에 쓰긴 너무 아깝다고요."

하지만 그녀는 이제 막 무주택자가 되어 점수가 고작 30점대에 불과했다. 이것저것 가릴 처지가 아니었다. 게다가 서울의 신규 아파트라면 더더욱 망설일 필요가 없지 않은가?

"서울의 신축은 무조건 해야지. 거긴 학군도 빠지지 않고 '숲세권'에 아이들 키우기는 최고야. 뭘 망설여? 게다가 서류도 다 준비했다며. 넣어야지. 될지 안 될지도 모르는데 일단 되고 나서 고민해야지."

어느 아파트나 호불호가 있기 마련이다. 게다가 한창 '핫한' 지역의 신규 분양이니 사람들은 분양가나 입지 등을 놓고 이러니저러니 말들이 많았다. 비단 그녀가 넣으려는 아파트뿐만이 아니었다. 사람들의 이목이 쏠려 있는 분양에는 항상 잡음이 많았다.

"나라면 절대 망설이지 않을 것 같은데, 일단 가자. 첫째 하원 시간까지는 충분하니까, 일단 가보자."

나는 머뭇거리는 그녀를 끌고 청약 사무실로 향했다. 분명 내가 가진 것보다 훨씬 큰 이익을 볼 것이 뻔한데 망설일 이유가 없지 않은가.

서류 마감 두 시간을 남기고 분당에서 송파로 내리달렸다. 점심 챙길 시간이 없어 이동하는 차 안에서 아이들만 김밥을 먹이고 사무실에 도착하니 서류 마감 1시간 전이었다.

나도 청약 사무실에 와 본 건 처음이었다. 곳곳에 음료가 준비되어 있고, 아이들이 놀 수 있는 놀이 공간도 보였다. 아마도 청약 자격마다 서류를 제출하는 곳이 다른 모양이었다. S가 준비한 서류를 얼핏 보니 청약 용어도 낯설고 점수 계산법은 더더욱 어려워 보였다. 마감 날이어서 그랬을까? 청약 사무실은 그다지 붐비지 않았다. 나는 왠지 그녀가 이번에 당첨될 것 같다는 느낌이 들었다.

내 예감은 적중했다. S는 단 한 번의 청약 도전에서 성공했다. 이제 갓 무주택 자격을 획득한 그녀의 점수는 30점이 겨우 넘은 수준이었다. 그녀가 어떻게 특공에 당첨될 수 있었을까?

S가 선택한 곳은 그녀 남편의 말대로 '핫한' 분양 지역 중 입지가 가장 떨어진다고 평가받는 아파트였다. 그리고 그녀가 선택한 층 역시 인기가 없는 1층의 25평형이었다. 그녀는 자금 사정상 어쩔 수 없는 선택이었노라고 고백했다.

평생 한 번뿐인 특공 기회인데, 앞서 분양한 아파트보다 입지도 떨어지는 아파트, 그것도 자금의 압박으로 가장 비인기 평형을 선택할 수밖에 없었기에 그녀의 남편은 많이 속상해했다. 하지만 오히려 이것이 당첨 확률을 높이는 꽤 훌륭한 전략이었던 것이다.

누구나 좋은 것을 갖고 싶어 한다. 또 자신이 선택한 것이 최상의 것이 되길 바란다. 하지만 갖고 싶은 바람과 가질 수 있는 능력이 언제나 일치하지는 않는다. 이럴 때 갈등이 생긴다.

투자에서는 특히 그런 것 같다. 자신의 위치는 생각하지도 않고 자기 눈에도 좋고 남들 눈에도 좋아 보이는 것에만 관심이 간다. 모두가 갖고 싶어 하는 곳에 배팅하면 당연히 내 것이 될 확률은 낮아진다.

내가 가진 자원을 충분히 활용하기 위해서는 자신의 객관적인 위치를 파악할 수 있어야 한다. S의 가족이 입지도 좋고 많은 사람이 선호하는 인기 층, 인기 평형에 청약을 넣었다면 과연 당첨이 되었을까?

그녀는 자기 수준에 맞는 최선의 전략을 시도했다. 덕분에 평생 한 번뿐인 특공의 기회를 잡았다. 그것도 힘들이지 않고 단 한 번의 시도로 말이다.

결국 자신의 상황을 정확히 볼 줄 알았던 S의 판단력
과 대담한 선택이 옳았다.

집을 통해 배운
관계의 기술

원하는 것을 얻는 방법
: 진솔하고 솔직하게

부동산 거래를 하다 보면 워낙 고액이 오가기 때문에 인색해지기 쉽다. 조금만 양보해도 큰돈을 손해볼 것 같고, 강하게 말해야 내게 유리할 것이라는 잘못된 착각에 빠지기 쉽다.

하지만 부동산 거래도 결국 사람을 대하는 일이다. 상대의 감정을 상하게 해서 내게 득이 될 것이 없다. 나만 잘되겠다는 생각과 이기적인 욕심을 버리고, 상대를 진심으로 대해야 한다.

인테리어 한 집을 매도할 경우 몇 가지 애매한 문제가 생긴다. 빌트인으로 제작한 전기레인지 혹은 가스레인지, 붙박이장, 가전제품(식기세척기, 냉장고, 에어컨 등) 등을 철거할 때 매도인과 매수인의 입장이 완전히 다를 수 있다.

- 매도자 : 내 돈 들여 공사하고, 내 돈 주고 산 내 것들인데 가져가는 것은 당연한 거 아니야?
- 매수자 : 이 집은 깨끗하게 수리되어 있어서 마음에 들어. 그런데 빌트인 제품을 모두 가져가면 구색 맞추기가 힘들어지는데 대신 뭐라도 달아줘야 하는 거 아니야?

인테리어가 훌륭한 집은 매도 시에 확실히 유리하다. 그 인테리어 덕분에 쉽게 거래가 성사되기도 한다. 그런데 매도자는 그런 사실은 까마득히 잊고 본전 생각을 한다. 수리비에 들어간 수천만 원이 아까운 것이다. 나도 그랬다.

나는 말끔하게 고친 우리 집을 매도하고 나서 걱정

되는 것이 한둘이 아니었다. 붙박이장이야 워낙 한 몸이니 이 집에 두고 간다고 해도, 새로 바꾼 도어록, 빌트인 식기세척기, 고가의 전등처럼 떼어갈 수 있는 것들은 가져가고 싶었다.

하지만 매수자와 매도자의 입장은 다를 수 있다. 인터넷 부동산 카페에서 여러 후기를 찾아보니 빌트인 가전을 철거하면 그 자리에 다른 가전을 대체해 놓아야 한다는 글이 많았다. 대부분 사이즈만 맞춰 저렴한 중고품을 사다 끼워 넣고 이사하는 방식을 택했다.

하지만 내가 매수자라면 이렇게 대충 끼워 맞춘 제품은 쓰고 싶지 않을 것 같았다. 집과 어울리지 않는 가전을 쓰고 싶은 사람이 몇이나 될까? 엉뚱한 곳에 시간과 비용을 낭비하지 말고 내가 염려하는 상황을 상대방에게 직접 물어보는 것이 낫겠다는 생각이 들었다. 남편은 괜히 긁어서 부스럼 만드는 거 아니냐고 했지만 나는 솔직히 말하는 게 서로에게 나을 것 같았다.

용기를 내 매수자에게 전화를 걸었다.

"혹시 식기세척기 사용하실 계획인가요? 이사할 때 식기세척기를 가져 가고 싶은데, 새로 서랍을 만들어 드려야 하나 고민 중이었어요. 기존 싱크대와 똑같이 제작하려면 비용이 너무 많이 들어서 최소한의 비용으로 공사할 예정이거든요. 그러면 아무래도 기존 싱크대와 어울리지 않을 수도 있어서 그게 걱정되네요."

나는 내가 걱정하는 부분에 대해 있는 그대로 솔직하게 말했다. 매수자는 내 이야기를 듣더니 이렇게 말했다.

"그냥 두세요. 우리가 알아서 할게요."

그는 아주 기분 좋게 내가 바라던 답변을 해주었다. 나는 또 다른 고민을 이야기했다. 이참에 다 해버리자 싶었다.

"사실 도어록과 거실 조명등도 꽤 좋은 것으로 교체했거든요. 이것도 가져가고 싶은데 마찬가지로 엉성한 것으로 대체하면 마음에 안 드실 것 같은데, 이사 들어오시는 날 동시에 교체하는 것은 어떠세요?"

"네 그럴게요. 등도 가져가셔도 괜찮아요."

이 경험을 통해 나는 새로운 깨달음을 얻었다. 상대의 반응을 예상하고 지레짐작하고 고민하는 것이 얼마나 부질없는 짓인가 하는 것이다.

'화내면 어떡하지?', '안 들어주면 어떡하지?' 하며 넘겨짚지 말고 솔직하게 자신의 걱정을 상대에게 전하자. 단 내 입장만 생각하지 말고, 내 행동 때문에 불편해질 수도 있는 상대의 입장에 대해서도 생각해보아야 한다. 내가 무엇을 원하고, 무엇을 걱정하는지 정확히 밝혀야 한다. 그래야 상대도 분명하게 자신의 의사를 결정할 수 있다.

이사하고 몇 달 안 돼, 예전 집 주소로 택배가 잘못 배달되었다. 택배를 찾으러 가는 길에 새 주인에게 식기 세척기 연결은 잘되었는지 물었다.

"네, 전에 알려주신 대로 잘 연결했어요. 덕분에 저희도 식기세척기를 써보네요. 고맙습니다."

기분 좋은 인사를 받았다.

나는 억지로 서랍을 짜 맞추는 수고를 덜어서 좋았고, 상대는 덕분에 식기세척기도 써본다며 고마워했다. 모두 솔직한 마음을 전한 덕분이었다.

기분 좋게 이별하는 법

집을 매도하고 나서도 때에 따라 매수자를 만날 일
이 생긴다. 인테리어 공사를 하기 위해 실측하러 들르
기도 하고, 매수할 당시 보지 못했던 것들을 다시 확인
하고 싶어지기도 한다.

매수자가 이런 요청을 해오면 계약이 끝났다고 나
몰라라 하지 말고 가능한 한 친절하게 집을 보여주길
바란다. 불편하고 귀찮은 마음이 들 때 내가 상대방이
라면 어떤 기분일까 하고 생각해보면 상대의 요구나
행동이 이해된다.

또 하나, 기억해야 할 것이 있다. 나는 언제든 매수자
도, 매도자도 될 수 있다는 사실이다.

나는 이삿짐 견적을 받을 때 마룻바닥이 긁히지 않
도록 조심해서 짐을 빼달라고 여러 번 부탁했다. 내가
우리 집에서 가장 좋아하던 것이 원목 마루였는데, 새
로 이사 오는 주인도 이 마루의 즐거움을 마음껏 누리
기를 바랐기 때문이다.

잔금을 치르는 날, 내가 매도한 가격보다 집값이 많
이 올랐다. 매수자의 기분이 매우 좋아 보였다.

"축하드려요. 저희는 이 집에서 좋은 추억을 많이 만들었어요. 이 집에서 둘째도 낳고, 이 집을 통해 부동산 투자에도 눈을 떴어요. 제 첫 집이라 정말 정성 들여 꾸미고 고쳤고요. 이사 오시는 분들도 저희처럼 이 집에서 좋은 일 많이 생기길 바라요."

인사를 나누고 마지막 절차를 마쳤다.

'안녕 나의 정든 집아, 새 주인과 행복하게 지내렴.'

이사를 마치고 몇 달 뒤 매수자로부터 연락이 왔다.

"그동안 배달되어 온 우편물을 모아 두었어요. 편한 시간에 찾으러 오세요. 바뀐 현관 비밀번호는 ○ ○ ○ ○입니다."

우편물을 받으러 간 날, 익숙한 동네인데 왠지 이방인이 된 듯 새로웠다. 낯선 비밀번호를 누르고 익숙한 대문 앞에서 초인종을 눌렀다. 우편물 꾸러미와 함께 그녀가 지팡이 모양의 막대 사탕을 내밀었다.

"메리 크리스마스! 크리스마스 잘 보내세요."

그러고 보니 크리스마스이브였다. 작은 선물이지만 따뜻한 마음이 고마웠다. 매수자와 매도자로 만난 인연이지만 이렇게 마음을 주고받을 수 있다는 사실에 감사했다.

내가 아끼던 집이 좋은 주인을 만난 것 같아 참 기쁘고, 감사했다.

집값이 올라 배 아프시죠?

반면 우리가 새로 매수한 아파트의 집주인은 잔금 치르는 날 조금 다른 모습을 보였다. 여든이 넘은 전 주인은 자녀들과 함께 부동산에 들어섰는데, 자리에 앉자마자 자신이 너무 싼 가격에 매도했다며 목청을 높였다. 그는 같은 지역에 부동산 몇 채를 소유하고 있었는데 한 채씩 자녀들 명의로 돌려주고 있는 모양이었다.

계약하던 날 어머니와 함께 왔던 딸이 내 앞에서 싫은 소리를 했다.

"아니, 내가 큰오빠한테 얼마나 혼났는지 몰라요. 세상에 잔금도 받지 않고 집을 내주는 바보가 어디 있냐고, 집값도 치르기 전에 열쇠를 내주고 인테리어 하게 해주었다고 엄청 혼났어요. 주변 사람들도 매수자 우위의 거래를 했다고 한마디씩 하네요. 우리가 댁네 편의를 많이 봐준 것은 알고 있죠?"

우리가 일방적으로 요구한 것도 아니고 서로 합의한 상황인데 계약일도 아닌 잔금 날에 얼굴을 찌푸리며 불평을 늘어놓아 봤자 무슨 소용이 있단 말인가?

"부동산중개료가 아까워서 못 주겠어요. 세상에 이런 법이 어디 있어요?"

그들은 중개수수료를 계산할 때도 부동산에서 집값을 헐값에 팔게 했다며 볼멘소리를 했다.

집을 사기까지는 여러 절차를 거친다. 가장 먼저, 매수자가 집을 사겠다는 뜻으로 계좌번호를 보내달라고 한다. 집주인은 자신이 내놓은 가격에 집을 팔겠다는 뜻으로 계좌번호를 넘겨준다. 이것이 1차 합의이다.

계약금이 들어오면, 이 계약은 법적인 효력을 지닌다. 계약을 일방적으로 파기할 경우 누구든 계약금의 2배를 변상해야 한다. 2차 합의이다.

우리는 이미 중도금까지 치른 상황이었다. 1차 중도금으로 세입자를 내보내며 세입자의 전세금을 2차 중도금 액수로 설정했다. 이렇게 1차 중도금과 2차 중도금까지 지급하며 이미 여러 번의 합의를 거친 셈이다.

그런데 이제 와 목소리를 높이는 의미를 어떻게 해

석해야 하는가? 자신이 판 가격보다 집값이 올라서 배가 아프다는 의미밖에는 안 된다.

결국 부동산 사장님이 부동산중개료를 깎아주었고, 상대방은 원하는 것을 얻을 수 있었다. 하지만 그는 만족했을까? 그의 표현대로라면 수억 원인 집값은 부동산의 횡포에 휘둘려 헐값에 팔았고, 자신은 목소리를 높여 부동산중개료 고작 몇십만 원을 아낀 셈이다.

이날 매도자의 행동을 보며, 나는 이런 것을 배웠다.

- 모든 거래는 끝까지 기분 좋게 마무리할 것
- 내가 손해 본 것만 생각하지 말고, 내가 얻은 결과에 감사해할 것
- 상대방의 이익도 축하해줄 수 있는 넉넉한 마음을 가질 것
- 조건을 맞춰줄 수 있는 상황이 된다면, 상대의 요구사항을 들어줄 것

부동산은 나만 이기면 되는 게임이 아니다. 나도 좋고 상대방도 좋은 상황, 매수자와 매도자 모두가 웃을 수 있는 상황을 얼마든지 만들 수 있다. 나만 좋으면 된

다는 생각을 버리면 가능한 일이다.

이심전심, 작은 배려

나는 부동산 거래를 통해 다른 사람의 입장을 헤아리는 법을 배웠다. 상대의 입장이 되어 생각하다 보면 내 주장만 앞세우지는 않게 된다. 비록 상대가 나와 같은 마음이 아닐지라도 혼자서 씩씩거리며 기분 상하는 일은 없게 된다. 사람 문제만 잘 해결되면 대부분의 문제는 쉽게 풀린다.

한번은 이런 일이 있었다. 두 번째 집을 매수하고 인테리어 공사를 하기 위해 실측을 해야 했다. 처음 방문했을 때는 들어찬 짐 때문에 제대로 실측하기가 어려웠다. 무엇보다 새시 틀 길이를 측정해야 했는데 창 가까이에 물건들이 빈틈없이 놓여 있어서 정확히 잴 수가 없었다.

결국 정확한 실측을 위해 날짜를 다시 잡아야 했다. 그런데 약속한 날 문을 열어주는 세입자의 표정이 심상치 않았다. 우리는 쌓여 있던 물건을 일부 치워가며 베란다 창틀 길이를 쟀다.

"저, 방에 잠시 들어가도 될까요? 방 창문도 실측이 필요해서요."

이 말에 세입자는 발끈 화를 냈다.

"아니, 베란다만 잰다면서 방은 왜 재요? 그리고 창문 좀 닫아주세요. 원래대로 해놓으세요."

새시를 교체한다면 방과 거실 모두 교체하는 것이 일반 상식인데, 베란다만 재라는 것은 이해가 되지 않았다. 나 역시 화가 나고 불편했지만 내색하지 않으려고 노력했다. 그 집에서 쫓겨나다시피 나와서는 나도 모르게 씩씩거리고 있었다.

하지만 집에 와서 곰곰이 생각해보니 그분 입장도 이해가 되었다. 집주인도 아닌데 자기 살림살이를 다 보여주면서 시간까지 내주어야 했으니 화가 날 수도 있겠다 싶었다. 내 설명이 충분하지 못했을 수도 있다.

'그래, 그럴 수도 있지.'

'어떻게 그럴 수가 있지?'라는 마음이 '그럴 수도 있겠다'는 마음으로 바뀌니 가시 돋쳤던 내 마음도 조금은 풀렸다.

다음 날 나는 조그마한 케이크를 사 들고 그 집을 다

시 찾아갔다. 문이 잠겨 있었다. 미리 준비한 카드를 케이크 상자 속에 넣어서 문고리에 걸어두고 돌아왔다. 카드에는 이렇게 적었다.

"안녕하세요. 이 집을 매수한 사람입니다. 어제는 실례가 많았습니다. 첫날 제대로 측정하지 못해서 또 방문하게 되어 불편하셨죠. 죄송합니다. 이해해주신 덕에 실측 잘 마쳤습니다. 고맙습니다."

미안한 것은 미안한 것이다. 미안하면 사과할 줄 알아야 한다. 이분은 동네에서 언젠가 마주치게 될 이웃이기도 하다. 얼굴 붉히며 헤어져서 좋을 리 없다.

내 편지와 케이크로 이분의 마음이 조금은 누그러졌기를 바란다.

내가 아이들에게 가르쳐주고 싶은 것

나는 아이들을 데리고 부동산에 간다. 일부러 약속 시간을 아이가 있는 시간으로 잡지는 않지만, 그렇다고 피하지도 않는다.

아이가 어른의 일에 방해가 된다는 생각만 버리면

아이를 데리고 할 수 있는 일은 얼마든지 있다. 오히려 나는 아이 덕분에 할 수 있는 일이 얼마나 많은지를 공동육아를 하며 깨달았다. 생각을 바꾸면 할 수 있는 일의 폭이 훨씬 넓어진다.

내가 아이를 데리고 부동산에 갈 때는 아이들에게 엄마가 무슨 일로 부동산에 가는지, 오늘은 어떤 일을 할지 설명한다. 그리고 엄마가 해야 할 일의 의미도 간단히 이야기한다. 어떤 날은 두 아이를 데리고 임장(부동산 현장 답사)하기도 한다. 아이를 데리고 가면 또 다른 시선에서 새로운 것들이 보인다.

나는 겨우 3년 전에 '장롱 면허'를 탈출했다. 그전까지 나는 대중교통을 이용해서 임장하러 다녔다. 차도 없이 아이 둘을 데리고 집을 보러 다니면 먼저 배려해주고 도와주는 사람들도 만나게 된다.

비 오는 날 아이의 우산을 대신 받쳐주기도 하고, 내가 집을 보러 가는 사이 아이를 봐주기도 한다. 이렇게 세심하게 배려해주는 부동산은 꼭 메모해둔다. 혹시라도 이 지역 부동산에 관심 매물이 생기면 이곳에서 거래해야지 하는 심정으로 기록해두는 것이다. 배려는 곧 신뢰로 이어진다.

나는 둘째가 6개월 되던 무렵부터 임장하러 다니기 시작했는데, 말도 못 하는 갓난아기였지만 집을 볼 때면 꼭 아이에게 묻곤 했다.

"이 집 어떠니? 느낌이 어떤 것 같아?"

물론 갓난아기에게 물어봐도 소득은 없지만, 나는 집의 첫 느낌을 무척 중요하게 생각한다. 내게 맞는 집은 첫발을 내딛는 순간 직감으로 알 수 있다. 첫 느낌이 좋다면, 그 집이 보내는 좋은 신호를 놓치지 말아야 한다.

아이들과 함께 집을 보러 다니면 내가 부동산 사장님과 주고받는 대화를 아이들도 자연스레 듣게 된다. 집을 보러 다닐 때 엄마의 행동과 동선을 아이들은 자연스레 익히게 된다. 나는 이것도 경제 교육이라고 생각한다.

부모의 모든 행동은 아이들에게 교육이 될 수 있다. 이런 생각을 가지면 삶의 매 순간을 교육의 장으로 만들 수 있다.

에필로그

"안녕하세요? ○○은행 PB센터 ○○○지점장입니다. 구혜은 고객님 맞으신가요?"

얼마 전에 ○○은행 지점장으로부터 연락이 왔다. 깜짝 놀랐다. 아직도 이 은행을 이용하고는 있지만 이미 수년 전부터 내 통장 잔고는 PB센터에서 관리받을 정도의 액수가 아니다. 무슨 일일까 싶었다.

"얼마 전에 큰 금액이 입금되었는데, 먼저 저희 은행에 맡겨주셔서 감사합니다"

"아, 아파트를 매도한 잔금이 입금된 거예요. "

"그렇군요. 혹시 저희가 도와드릴 일은 없는지 여쭤고 싶어서 전화드렸습니다."

2016년, 태어난 지 6개월 된 둘째를 안고 부지런히 발품을 팔며 샀던 두 번째 집을 판 잔금이 입금되고 딱

3일째 되던 날, 은행으로부터 연락을 받은 것이다.

'은행이 이렇게 재빠른 곳이었던가?'

10여 년 전처럼 내가 돈을 어떻게 할지 아무 목적이 없었더라면 나는 PB센터에서 걸려온 전화에 마음이 흔들렸을 것이다 물론 은행이 나쁘다는 얘기는 아니다. 그들도 분명 선한 의도로 나에게 연락했을 것이다.

처음에는 그저 고마웠다. 몇 년간 소소한 평잔만 유지해오던 나 같은 고객을 여태 기억하고 있었다는 사실이 고마웠고, 내 통장 속 돈의 흐름을 귀신같이 잡아낸 그들의 노력에도 감탄했다. 이 전화 덕분에 나는 '있음의 풍요'를 느낄 수 있었다. 오랜만에 PB센터에서 관리받는 고객의 위치에 설 수 있었기 때문이다.

그런데 곧 과거의 내 실수들이 떠오르며 아찔한 생각이 들었다.

돈을 다루는 사람들은 돈 냄새를 귀신같이 알아챈다. 그들은 누가 돈이 있는지, 돈이 어디에 모여 있는지 돈의 위치와 경로를 순식간에 파악한다. 어쩌면 돈을 찾는 사냥개와 같은 감각이리라.

만약 내 힘이 약하면 그들은 내 약점을 파고들어 자

신들이 원하는 것을 얻어낼 것이다. 13년 전에 나는 내 취약점을 여실히 드러냈다. '난 아무것도 몰라요. 이 돈을 지킬 능력도 의지도 없어요'라며 기꺼이 스스로 그들의 먹잇감이 되었다.

그럼 지금의 나는 달라졌는가? 지금 나는 이 돈을 지킬 힘이 있는가? 이 돈으로 무엇을 해야 하고, 무얼 하고 싶은지 지금은 제대로 알고 있는가?

여전히 부족한 점이 많지만 지금은 적어도 그들의 말에 줏대 없이 흔들리지 않을 자신은 있다. 이젠 무엇이 내게 도움이 되는지, 무엇이 필요한지는 스스로 결정할 수 있다. 내가 한 결정으로 문제가 생기면 피하지 않고 부딪혀서 해결하고, 결과가 만족스럽지 못하더라도 자책하거나 누군가를 원망하는 대신 인정하고 받아들이려고 노력할 줄도 알게 되었다.

"죄송하지만, 이 돈은 며칠 후에 새로 취득한 집 잔금 치를 돈이에요. 이미 자금 계획이 있어요."

한편으로는 PB센터장의 자금 운용 계획을 상세히 들어보고 싶기도 했으나 그 마음을 누르고 내가 세운 계획을 먼저 이야기했다.

"알겠습니다. 앞으로 도움이 필요하시면 언제든 연락 주세요."

이렇게 통화는 마무리되었다. 왠지 내가 이긴 느낌이 들었다. 그동안 늘 은행의 말에 아무 생각 없이 움직였는데, 내 생각을 먼저 말할 수 있게 되어서 통쾌했다.

지난 13년을 돌아보니, 부모님의 빈자리를 대신해 나를 키운 것은 '돈'이었다. '돈'은 내 인생의 스승이었다. 스스로 아무 결정도 내리지 못했던 나를 움직이게 해주었고, 수많은 선택을 하는 과정에서 내가 중요하게 여기는 가치를 알게 해주었다.

세상은 어떤 방식으로든 균형을 맞춘다. 결손의 자리는 다른 무엇으로 채워지게 마련이다. 기울어진 양팔저울의 균형을 맞추듯이 오늘도 나는 부지런히 삶의 균형을 맞추며 살아간다.

이제 내 삶은 내가 결정한다.

내 집을 갖고
새로운 뇌가 생겼습니다

초판 1쇄 인쇄 2022년 2월 25일
초판 1쇄 발행 2022년 3월 5일

지은이_구혜은

발행인_양수빈
펴낸곳_타커스

등록번호_2012년 3월 2일 제313-2008-63호
주소_서울시 종로구 대학로14길 21(혜화동) 민재빌딩 4층
전화_02-3142-2887   팩스_02-3142-4006
이메일_yhtak@clema.co.kr

ISBN 978-89-98658-72-4 (03320)